O século de Borges

Eneida Maria de Souza

O SÉCULO DE BORGES

2ª edição
Revista e ampliada pela autora.

1ª edição, de 1999, publicada
com a Contra Capa Livraria.

autêntica

Copyright © 1999 by Eneida Maria de Souza

CAPA
Christiane Costa
(Sobre imagem de Horacio Villalobos/CORBIS)

REVISÃO
Carolina Lins Brandão

EDITORAÇÃO ELETRÔNICA
Waldênia Alvarenga Santos Ataíde
Tales Leon de Marco

EDITORA RESPONSÁVEL
Rejane Dias

Revisado conforme o Novo Acordo Ortográfico.

Todos os direitos reservados pela Autêntica Editora.
Nenhuma parte desta publicação poderá ser reproduzida,
seja por meios mecânicos, eletrônicos, seja via cópia
xerográfica sem a autorização prévia da Editora.

AUTÊNTICA EDITORA LTDA.
Rua Aimorés, 981, 8º andar. Funcionários
30140-071. Belo Horizonte. MG
Tel: (55 31) 3222 68 19
TELEVENDAS: 0800 283 13 22
www.autenticaeditora.com.br

Dados Internacionais de Catalogação na Publicação (CIP)
(Câmara Brasileira do Livro, SP, Brasil)

Souza, Eneida Maria de
    O século de Borges / Eneida Maria de Souza. — 2. ed. rev. conforme
novo acordo ortográfico. — Belo Horizonte : Autêntica Editora, 2009.

    ISBN 978-85-7526-379-2

    1. Borges, Jorge Luis, 1899-1986 - Crítica e interpretação 2. Escritores
argentinos - Biografia I. Título.

09-01059   CDD-ar868.4

Índices para catálogo sistemático:
1. Argentina : Século 20 : Escritores : Crítica e
interpretação   ar868.4
2. Escritores argentinos : Século 20 : Crítica e
interpretação   ar868.4

1899 – 24 de agosto, por escassíssima margem, pertence ao século XIX. De tantos símbolos tramados e entretramados ao redor da vida de Jorge Luis Borges, não existe um mais surpreendente que este: seu nascimento na iminência de uma morte, a do século. Clausurar um tempo e abrir outro, o passado e o presente, os antepassados e o porvir de uma literatura. Melhor dir-se-ia de uma escrita e sua contrapartida, a leitura.

Enrique Foffani

Sumário

Minha terra tem palmeiras 9

Borges entre dois séculos 19

Lo cercano se aleja 33

Um estilo, um *aleph* 47

Ficções e paradigmas 55

Histórias de família na América 65

A letra e o nome 69

A Borges o que é de Borges 75

A morte e o sonho heroico 79

Genebra, 14 de junho de 1986 85

O verbete Borges 97

Referências 107

Nota..111

MINHA TERRA TEM PALMEIRAS

Em 1914, Jorge Luis Borges parte com a família para uma longa viagem à Europa, cujo destino é a cidade de Genebra, na Suíça. A imagem do Brasil dessa época é evocada pelo escritor, em 1984, durante a entrevista concedida a Roberto d'Ávila na rede *Manchete*, ao se lembrar dos versos cantados no porto do Rio de Janeiro, quando o navio aí atracou: "Minha terra tem palmeiras / Onde canta o sabiá / As árvores que aqui gorjeiam / Não gorjeiam como lá." Ao reproduzir, sob a forma de música, o poema de Gonçalves Dias – símbolo da nacionalidade romântica e da poetização do tema do exílio – Borges condensa o momento de partida para a Europa no destino do poeta brasileiro, autor dos versos cantados por algum marinheiro no porto carioca.

Por desconhecer que se tratava de um poema de Gonçalves Dias, Borges retém uma imagem de Brasil que é fruto da memória de sua passagem pelo País, concretizando-se no canto do sabiá, encarnado na voz de quem entoava a canção. Sob o signo de uma receptividade embaralhada, tem-se o apagamento involuntário do direito de autoria, em razão do enlace das histórias dos poetas, marcadas pela evocação de um estado de exílio. Revela-se, contudo, inversamente simétrico o destino de ambos: Gonçalves Dias morre, vítima de um naufrágio, antes de chegar à terra das palmeiras. A canção tem o dom de profetizar o desastre e de legitimar o sentimento de nacionalidade vinculado à ideia de país natal – o exílio aguçou o amor pela pátria e a simbiose visceral com o território, pois a poesia torna-se símbolo da pátria.

Borges, exilado voluntariamente em Genebra, volta na década de 1920 à Argentina, atravessando várias vezes o Atlântico sem naufragar. A sua definição de pátria distingue-se daquela evocada pelo romântico brasileiro por não nutrir o desejo de morrer no país de origem. No final da vida, doente e à espera da "bela morte", decide voltar à Genebra da juventude. Elege o país que talvez mantivesse algum laço com o sentimento de pátria, espaço agora reservado ao eterno exílio. A cidade suíça representava para o escritor o lugar de seu nascimento, pois lá não só adquiriu o conhecimento do latim, do francês e do alemão, como também o hábito da leitura, obsessão borgiana por excelência. Sepultado sob uma árvore próxima ao túmulo do teólogo e reformador Calvino, uma de suas maiores admirações, e do compositor erudito argentino Alberto Ginastera, Borges inverte a canção de exílio de Gonçalves Dias, ao colocar em xeque o conceito estereotipado de pátria como lugar onde se nasce. Para o escritor argentino, a pátria, se existe como identidade, ocupa um espaço imaginário, cujas fronteiras não coincidem com as da nação.[1]

---

[1] María Esther Vásquez narra a passagem do escritor pelo Rio de Janeiro, em 1914, e a cena referida aos versos da *Canção do exílio*, cantada, segundo ela, por uma criança no navio. A interpretação da biógrafa, ao relacionar as duas viagens de Borges à Europa – em 1914 e 1986 – distingue-se da minha não só por se ater, de forma

Enrique Foffani, na cronologia original que elabora sobre o escritor "Jorge Luis Borges: cronología/contracronología", interpreta os fatos da vida do autor e a escrita que os legitima pela utilização do ponto simultâneo, misterioso e impossível denominado por Borges de aleph. À maneira das ruínas circulares que povoam o seu universo fantasioso, o desejo borgiano de morrer em Genebra é interpretado pelo ensaísta à luz da concepção alegórica do tempo:

> 1986 – Finalmente se instala com sua esposa María Kodama em Genebra, onde morre a 14 de junho. Por que elege Genebra para morrer? Infinitas conjeturas são as respostas possíveis. Por um lado a distância que carrega o gesto irônico, essa espécie de última burla afastando-se do lugar natal. Por outro, o morrer fora ou longe da pátria – a pátria do XIX ou do XX, o século da *gauchesca* ou do *Facundo* que Josefina Ludmer lê a partir do Borges do século XX para concluir seu tratado precisamente sobre a Pátria – evitaria, de algum modo, a oficialização da morte, impedir fazer público um ato na verdade privado. Mas então as Pátrias – todas as pátrias – reaparecem para confundir-se uma vez mais em uma série de fronteiras que não chegam a ser totalmente congruentes. Se aceitamos que Genebra representa o lugar onde se nasce para as diversas línguas e

---

redutora, à imagem do escritor ligado a Buenos Aires e à pátria, mas também por ressaltar o seu sofrimento no final da vida, a sua derrota. Motivada pela intenção de reforçar a vinculação de Borges à Argentina, por ser ele um de seus mais eminentes símbolos, Vásquez distorce a sua imagem, prendendo-se a interpretações sentimentais e subjetivas: "*Y cuando el muchachito que cantaba llegó a la ultima estrofa, al que lo oía desde la cubierta se le llenaron los ojos de lágrimas; también él quería volver, ya sentía la nostalgia de su ciudad, del barrio, de la calle que acababa de abandonar. [...] Borges también tuvo mala suerte; enfermo, casi acabado y sin fuerzas murió lejos de la ciudad que tanto quiso: '[...] los años que he vivido en Europa son ilusorios,/ yo estuve siempre (y estaré) en Buenos Aires'*" (VÁSQUEZ, 1986, p. 39).

> literaturas, será que Borges leitor recupera a morte como uma ficção mais lida que vivida? (FOFFANI, 1993, p. 42)

A poética borgiana, marcada pela cegueira e pela impossibilidade de ler com os próprios olhos os livros, reveste-se do traço de um exílio livresco, do objeto colocado sobre a mesa ou sob os olhos, com o objetivo de atualizar o ritual da leitura. O espaço próximo – a pátria, a Argentina – assume o estatuto de um lugar da memória e do esquecimento, do tênue limite entre o visível e o invisível. Entregar-se à morte com a sensação de que se está repetindo atos literários consiste na diluição gradativa das diferenças entre ficção e realidade. O gesto último de Borges vem simbolizar a sina de uma escrita que, ao se impor como marca da falta por estar eternamente exilada de si própria, instaura a dimensão de alteridade e de afastamento do vivido.

O canto de exílio de Borges via Gonçalves Dias, evocando a mitologia romântica do regresso à terra, metaforiza a representação exilada do Brasil, construída pela voz do escritor no final da vida. Graças à versão cantada talvez por um marinheiro no princípio do século e a retomada, em contraste, de um país desconhecido por Borges, tem-se a aproximação imaginária de literaturas afastadas no tempo. A visão romântica se associa à natureza prodigiosa e à memória de um momento retido pela letra da canção, uma das formas de se interpretar a diferença entre países pela força lírica da poesia. Em Borges, ignora-se o distanciamento entre culturas pela inexistência de fronteiras geográficas e pelo movimento ambivalente que move a busca de identidades e a sua perda, o apego ao lugar de origem e a inevitável sensação de exílio.

Essa posição cultural de Borges – aliada à sua posição política – lhe valeu muitas críticas e ainda hoje é mal entendida. As acusações da esquerda se voltavam para o alienamento do escritor diante dos problemas políticos do país. Embora Borges permanecesse em oposição a seu eterno inimigo Perón, ele se arrefecia diante dos desmandos da ditadura militar. Durante a guerra das Malvinas em 1982, escreve o belíssimo poema "Juan López y John Ward", em que se exalta a amizade ancestral de dois possíveis soldados desconhecidos, unidos pelo amor à literatura. Responde, de forma poética, às acusações ao retomar a metáfora da literatura como mediadora na relação conflituosa entre os povos e como o mais sublime instrumento de comunicação humana. No entender do escritor argentino de origem inglesa, a guerra entre os dois países é absurda; ele considera a Inglaterra muito mais a terra de Stevenson e de Shakespeare do que de políticos, cartógrafos ou defensores de territórios.

Bernard McGuirk, em um ensaio dedicado à poesia de guerra, analisa a integração pela morte dos dois soldados como "um encontro sem alterização", pois ele está

> [...] experimentalmente concebido via Juan e John como *literati*, através da preparação livresca de sua percepção da traduzibilidade de um outro mediado – esse Outro filtrado por literaturas, por tradições, por sociedades, e que se constitui pela diferença cultural. (McGUIRK, 1998, p. 11-12)

> [...] López havia nascido na cidade próxima ao inerte rio. Ward, às margens da cidade pela qual Father Brown andara. Havia estudado castelhano para ler o Quixote.

> O outro professava um amor por Conrad, revelado a ele numa aula na rua Viamonte.

> Eles poderiam ter sido amigos, mas viram-se somente uma vez, face a face, em ilhas por demais conhecidas e cada um era Caim e cada um, Abel.

Enterraram-nos juntos. Neve e corrupção os conhecem.

A história que conto aconteceu em tempos que não podemos entender.[2] (Borges, 1985c, p. 95)

A particularidade desse encontro, ao anular o sentido de nação sustentado por interesses estatais e apregoar a pátria comum, embora distinta, da literatura, aponta os possíveis caminhos de leitura da realidade história, igualmente submetida a atos repetidos de maneira circular e burlesca. A linha de separação entre países, ao depender exclusivamente do gesto realista dos cartógrafos e da ambição política dos dirigentes, torna-se motivo de guerras e de conflitos mundiais. Pelo efeito diferenciador da imaginação literária, o encontro entre culturas se realiza ironicamente durante a guerra, em que os seus protagonistas se assemelham, ao demonstrarem a mesma paixão pelas letras. A metáfora funciona como saída ilusória dos conflitos montados pela interpretação realista da história, rejeitada por Borges em razão de seu desprezo pela ordem causalista e de seu apreço pelo acaso dos acontecimentos. A resposta encontra-se na interseção entre a realidade e a ficção, no qual o conflito entre ambas as lógicas se vê contaminado pela persuasão e pela ausência de limites que a literatura pretende impor.

---

[2] *"López había nacido en la ciudad junto al río inmóvil; Ward, en las afueras de la ciudad por la que caminó Father Brown. Había estudiado castellano para leer el Quijote. / El otro profesaba el amor de Conrad, que le había sido revelado en una aula de la calle Viamonte. / Hubieron sido amigos, pero se vieron una solo vez cara a cara, en unas islas demasiado famosas, y cada uno de los dos fue Caín, y cada uno, Abel. / Los enterraron juntos. La nieve y la corrupción los conocen. / El hecho que refiero pasó en un tiempo que no podemos entender."* Tradução de Marie-Anne Kremer e Silva.

Beatriz Sarlo, em *Borges, un escritor en las orillas*, argumenta ser a ficção borgiana construída com o intuito de inventar uma ordem e de organizar sentidos, em um mundo abandonado pelos deuses. Por essa razão, desafia a hermética rede espacial, temporal e causal ao propor um novo regime autônomo de relações, que se instaura na trama do texto. Segundo a ensaísta, essa literatura pode ser lida como uma resposta racionalista à desordem dos fatos percebidos no século XX, desordem igualmente responsável pela quebra de valores da História:

> Quando a história parece haver tirado de cena os valores (quando a história é história de guerras e de ações públicas inumanas ou imorais), a literatura propõe um modelo, muitas vezes tão horrendo quanto o da história mas sempre mais perfeito porque é imaginário e tem, por sua natureza ficcional, a capacidade de estabelecer um desvio irônico ou paródico a respeito da experiência. Frente à desordem dos fatos, a invenção responde não com um espelho do mundo mas sim com uma ideia do mundo: avança afastando-se do empírico. (SARLO, 1993, p. 204)

O descolamento do mundo empírico consiste no endosso de Borges a uma das marcas da poética moderna, construída a partir do esquecimento dos modelos e da ruptura com a realidade. Longe de se afastar da História, considerada em seu aspecto ficcional e em sua função de destino, o escritor representa uma grande parcela da literatura do século XX, notabilizada pelo repúdio ao discurso positivista dos anos 1900. Ou, como pensa Davi Arrigucci, no artigo "Borges ou do conto filosófico", ao descartar a imagem do escritor criada por ele próprio e acatada pela crítica, qual seja, a do intelectualista e cosmopolita que não se prenderia às amarras do contexto histórico:

> Em Borges, é como se tudo estivesse desgarrado de todo contexto histórico, para existir emabsoluta autonomia com relação à realidade, sempre avessa, na sua opinião, a toda espécie de transcrição artística. (ARRIGUCCI, 1999, p. 288)

O importante, contudo, é perceber de que tipo de discurso histórico Borges se livra e de que maneira interpreta o caráter repetitivo e simulado do texto que rege o destino das histórias universais da infâmia.

Outra imagem borgiana de Brasil é dramatizada durante o diálogo mantido entre ele e o ficcionista brasileiro Autran Dourado, por ocasião de sua vinda a São Paulo, em 1970, para receber o "Prêmio Interamericano de Literatura Matarazzo Sobrinho". Dessa vez o encontro entre os escritores não é mediatizado pela evocação indireta da literatura, como o foi na *Canção do exílio*, mas propiciado pelo descompasso entre a grafia do nome do caudilho uruguaio Aparicio Saraiva (Saravia, em espanhol). A personagem está presente na obra de ambos os autores, por ter sido uma figura histórica associada a Ângelo Dourado, avô de Autran Dourado, que lutou na Revolução Federalista de 1893, na "bandera" de Gomercindo Saraiva, irmão de Aparicio. Pela interpretação de Borges, tratava-se da existência de outra personagem. O desconhecimento das nuanças entre a língua portuguesa e o castelhano indicam, de maneira irônica, a distância entre culturas próximas geograficamente, porém afastadas em razão de contingências históricas e culturais.

O diálogo entre Brasil e Argentina, via Borges e Dourado, estava ainda comprometido pelo desejo circunstancial de uma evidência histórica do escritor brasileiro e pelo desprezo que Borges nutria pela veracidade dos fatos. Ao se prender ao deslocamento da vogal *i* de Saraiva, levado às últimas consequências, este comprova a preferência pelos detalhes, capazes de embaralhar fontes e diluir coincidências. Ao mesmo tempo, reitera o seu alheamento diante do imediatismo do referente e dos possíveis erros causados por uma leitura equivocada do nome próprio. O motivo mais importante do descompasso entre os escritores reside justamente no aspecto lúdico da discussão, em que o mesmo personagem se reparte em dois pela grafia, procedimento curiosamente realizado pela da vogal que se desloca de um lugar para outro: *Saraiva e Saravia*. Estariam os falsos amigos atuando mais uma vez em favor da falta de comunicação entre culturas próximas, porém distantes?

Os versos de Gonçalves Dias, evocativos de uma memória pessoal e intransferível, redimem a ausência de outros versos brasileiros na prodigiosa imaginação borgiana. No Brasil, seus leitores não cessam de estabelecer parâmetros comparativos entre a literatura de Borges e a de nossos maiores representantes, notadamente quando se trata de interpretar a literatura fora dos princípios de verossimilhança, como é o caso de Machado de Assis. Se percebidas de modo lúcido, as coincidências valem mais do que as evidências. No universo minimalista e *aléphico* do autor de *Ficções*, toda a literatura brasileira estaria contida nos versos de amor à pátria cantados pela desconhecida personagem no porto do Rio de Janeiro; ou casualmente apreendida graças à retomada histórica de Aparício Saraiva, personagem que irrompe nas páginas da literatura por intermédio de cruzamentos que reduzem a distância entre ficção e realidade.

Em 1954, o destino promove o encontro inusitado entre Borges e um outro brasileiro: Getúlio Vargas, que se suicida em 24 de agosto, no Palácio do

Catete. Dois anos antes, a morte de Evita Perón já anunciava o fim da ditadura argentina e a simultânea queda do autoritarismo mesclado ao populismo. No ano da morte de Vargas, registra-se ainda a perda definitiva da visão de Borges, que o transformará no rapsodo e no recitador de textos e de conferências ao redor do mundo, reforçando a imagem da realidade como simulacro e a concepção do discurso histórico como farsa e repetição teatral. O dia do nascimento do escritor, 24 de agosto, coincide com a data da morte do duplo político de Perón, coincidência histórica que une o destino das personagens, as quais se revelam ao mesmo tempo distanciadas e próximas. A ficção motivada pelo suicídio de Vargas, narrativa enigmática deixada em aberto, simula o papel que será representado por diferentes atores em vários momentos da história, em que o valor do simulacro supera a transparência do referente. Essa interpretação é gerada pela visão poética do conceito de História em Borges, capaz de desmanchar os nomes dos atores e a sua individualidade, em favor da repetição de situações que reforçam o anonimato e ritualizam a troca de máscaras.

Borges entre dois séculos

A comemoração do centenário de Borges nesse final de milênio une as pontas de dois séculos, como se a literatura do século XX coincidisse com o nascimento do escritor. Curiosamente, Oscar Wilde – um dos autores mais próximos de Borges – morre desconhecido em 1900, num hotel de Paris, abrindo o novo século para as gerações vindouras e marcando o fim do culto da personalidade literária. A partir daí, a consagração autoral passará por momentos de crise, graças ao reconhecimento de ser a criação um gesto múltiplo e à descoberta do inconsciente por Freud, que abalaria o estigma da racionalidade positivista do século XIX. *A Interpretação dos sonhos,* obra inaugural da ciência onírica, acende as luzes do século XX, assim como libera o incontrolável processo de associação das imagens, pelo qual a literatura se exercita e atua como referência. Proliferam as explorações do tema do duplo, do destino e do acaso, bem como do jogo de espelhos e de simulações causado pelo desconhecimento do sujeito de suas ações, da caída no abismo e do brinquedo com o labirinto.

1900 registra ainda a morte de Nietzsche, vítima da demência, abrindo o século para uma de suas mais ousadas vertentes filosóficas, responsável pelo rompimento dos conceitos de genealogia e de origem e pela transformação espacial da invenção do sentido, envolto na transparência da superfície e longe da sedução enganosa da profundidade. A data de morte do filósofo inaugura o século que irá fazê-lo um de seus mais significativos emblemas, assim como acompanhará os passos tortuosos da ficção de Borges. O desprezo do autor de *O Aleph* por Freud e sua preferência por Jung, os pré-socráticos, os budistas e Schopenhauer, não eliminam as inúmeras coincidências da poética borgiana com o pensamento freudiano: ambos se pautam pela desconfiança em relação ao controle do sujeito ante o discurso e se valem do estatuto da ficção como poder criador. Mas é Nietzsche quem mais sopra no ouvido do escritor, seja para romper as barreiras interdiscursivas, seja para acenar à invenção de realidades como mola condutora do pensamento moderno, seja para endossar a morte do humanismo como categoria filosófica e cristã.

Ainda que tenha nascido no apagar das luzes do século XIX, Borges imprime no século XX o seu traço ficcional, tornando-o borgiano, da mesma forma que Foucault lançou a previsão filosófica a propósito de Deleuze, ao afirmar que este século seria deleuziano. Percebe-se que o fascínio de Borges é incalculável quando se analisam os diferentes legados desse pensamento no Ocidente, vinculados à linhagem da crítica literária, voltada para o culto da linguagem como um fim em si ou para a abordagem de temas caros às Ciências Humanas, tais como: a questão da falta como mobilização do vazio da linguagem; a existência da verdade estética como correlata à ética discursiva; a reflexão sobre o fim do aspecto referencial dos discursos, e sobre o fim da história. O caráter artificial da construção artística, levada a seu máximo pela poética borgiana, por meio da noção ilusória dos acontecimentos e do pastiche de textos da biblioteca mundial, responde pelo grau de virtualidade instaurado na estética e na ciência contemporâneas.

As imagens emblemáticas da biblioteca de Babel criadas por Borges se articulam com a lógica serial do universo, por conterem e ao mesmo tempo dissolverem qualquer sentido de propriedade do sujeito perante os objetos, perdendo-se, enfim, na impessoalidade e no absurdo. A irrupção desse sujeito no universo de tinta e de papel – a grande metáfora da literatura se expande para a da ficção – permite encará-lo como representante do mundo de faz-de-conta, fruto da infinita montagem e desmontagem da verdade e da mentira dos livros e dos catálogos. Pela exaustão de saberes contidos na biblioteca, o vazio aí instalado torna-se cada vez mais visível na sequência desordenada dos comentários e na imbricação de livros uns sobre os outros.

O artigo de Beatriz Sarlo "Borges, crítica y teoría cultural", que assinala a participação do autor em relação às revoluções culturais processadas nas primeiras décadas do século XX, entre elas a da indústria cultural, torna-se imprescindível para que se compreenda a posição de Borges como intelectual argentino. Segundo a ensaísta, os intelectuais das elites letradas não permanecem indiferentes nem à margem dessas transformações de ordem cultural. Mantêm-se ora como produtores da cultura de massa, por intermédio da qual Borges publica, na revista *Crítica*, os relatos da *Historia universal da infâmia*, ora como os que reconsideram o lugar em que se encontra a "alta literatura", no marco de um mundo simbólico cada dia mais estratificado (SARLO, 1999). Ainda que Borges se mantenha afastado das grandes correntes teóricas deste século, como a psicanálise, o marxismo, o existencialismo e a fenomenologia, Sarlo admite que não é menos verdadeiro que o escritor revele-se sensível aos problemas que emergem da conjuntura ideológica e que afetam o imaginário coletivo:

> As democracias de massa, o caráter plebeu das sociedades que se modificam no primeiro pós-Guerra, o conflito entre elites tradicionais e intelectuais de novo tipo é o marco de suas intervenções apenas aparentemente literárias. (SARLO, 1999, p. 10)

Com base na estreita relação entre os princípios comuns do imaginário filosófico moderno e ficcional, a presença de Borges nessa rede interdisciplinar e interdiscursiva funciona, contudo, como outra voz que se integra às demais. É importante reconhecer que a máquina produtora de ficções permeia as disciplinas e não constitui privilégio apenas da literatura, entendida como a ocupante de um lugar especial e hegemônico. A diluição do conceito de um só paradigma norteando o pensamento contemporâneo é de extrema importância para se refletir sobre a relação de superfície e de horizontalidade existente entre as diferentes disciplinas. É impossível pensar, a partir dessa reviravolta conceitual, no estabelecimento de articulações hierárquicas e verticalizadas na relação entre os discursos. Nesse sentido, o século XX passa, inevitavelmente, por explicações que vão da filosofia à ficção, permeadas por inserções de natureza histórica, psicanalítica, antropológica e política.

Com o gradativo declínio do paradigma científico, os estudos literários também foram impelidos a reformular conceitos e metodologias, na esteira de posições pós-estruturalistas. Entre as inúmeras portas abertas pelos teóricos, algumas persistiram na linha analítica de base imanentista e textualista – com forte influência dos princípios próprios à semiologia, à psicanálise e à filosofia – e outras partiram para o resgate da História e do contexto políticossocial. A importância atribuída à ficção como categoria que percorre os variados discursos e teorias recebe tratamento diferenciado e depende da função a ela atribuída. O equívoco cometido por algumas posições metodológicas exercidas na atualidade consiste em considerar o estatuto da ficção segundo critérios essencialistas, descontextualizando diferentes manifestações literárias e artísticas em defesa de uma pretensa ontologia.

Se o texto literário de Borges é uma referência imprescindível para se repensar o século XX como dominado pelo paradigma da ficção e, mais precisamente, pela ausência de limites entre a realidade e a sua construção virtual, os defensores de uma ética literária e histórica não se contentam em aceitar tais provocações. Os princípios da estética pós-moderna, considerados pela crítica tradicional como desnorteadores e inconsequentes, seriam os responsáveis pela atual ausência de critérios na avaliação dos distintos discursos que integram o pensamento contemporâneo. Dentre esses princípios, citem-se o exercício do pastiche como resposta à criatividade neovanguardista, a concepção do discurso histórico como construção artificiosa, a desconfiança em relação à veracidade dos documentos e a relatividade dos valores como resultado da diluição de textos considerados hegemônicos. A censura a esses pressupostos é feita em nome da defesa da ética e da ideologia de determinados grupos. A crítica literária se posiciona, portanto, ora com vistas à preservação dos valores literários canonizados pelo alto modernismo, ora aceitando esses princípios como marca borgiana por excelência de um modo de pensar a literatura e os sujeitos que a interpretam. Outra vertente, de natureza hermenêutica, voltada para a diferença entre o pacto ficcional e o biográfico, tende a separar rigidamente os acontecimentos entre aqueles reais e aqueles inventados, o documento histórico da ficção.

Como leitor da tradição de escritores considerados clássicos, Calvino escolhe Borges como um dos nomes para constar de sua biblioteca, composta, na sua maioria, de autores europeus. O escritor argentino responde pela estética da brevidade e pelo apuro da geometria, parâmetros literários caros ao escritor italiano e marcas registradas da poética moderna. O grau de potencialidade representado pela obra de Borges reside na fabulosa metáfora da literatura, levada à enésima potência e compartilhada por Calvino, principalmente quando este entende ser tal qualidade o que torna a obra de arte liberta das prisões causalistas da História e aberta aos infinitos jogos de significação:

> O que mais me interessa anotar aqui é que nasce com Borges uma literatura elevada ao quadrado e ao mesmo tempo uma literatura como extração da raiz quadrada de si mesma: uma "literatura potencial", para usar um termo que será desenvolvido mais tarde na França, mas cujos prenúncios podem ser encontrados em *Ficciones*, nos estímulos e formas daquelas que poderiam ter sido as obras de um hipotético Herbert Quain. (CALVINO, 1993, p. 249)

Com o intuito de esclarecer o lugar ocupado pela ficção de Borges no interior das Ciências Humanas, a escolha de três ensaios, cujo objeto de análise é a sua obra, pretende examinar diferentes posições relativas aos três teóricos escolhidos. Dentre essas, duas são contrárias à ficcionalização do universo borgiano, operação entendida segundo um critério universalizante que atinge outras áreas; a terceira mostra-se favorável à posição da obra do escritor ante as demais disciplinas, sendo interpretada como "emblema desta era". Nos dois primeiros casos, representados pelos ensaios de Luiz Costa Lima (1998) "Aproximação de Jorge Luis Borges" e de Roland Quilliot (1988) "La fascination moderne de l'impersonnel", são discutidas as diferentes acusações de a obra borgiana ser considerada uma das referências para balizar o grau de ficcionalização dos conceitos que integram o universo teórico do século XX. O texto de Lisa Block de Behar "A invenção teórica do discurso crítico latino-americano" defende o princípio de ser a imaginação intelectual de Borges capaz de antecipar e de condensar "a ficção e o conhecimento de, pelo menos, meio século" (BEHAR, 1998, p. 15).

O texto de Luiz Costa Lima consiste na reflexão, em contraponto, sobre a teoria por ele desenvolvida acerca do controle do imaginário exercido pelos discursos religiosos e políticos perante o discurso literário, notadamente em épocas históricas marcadas pela censura. Na análise que realiza de certa parcela da crítica literária dirigida à obra de Borges, o ensaísta denuncia outra modalidade de controle, o do ficcional, ao se impor como hegemônico e ilimitado ante os demais discursos. O argumento se baseia na tendência dessa postura crítica de negar as fronteiras discursivas, o que resulta em considerar a obra literária dotada de poderes excepcionais que suplantariam os textos considerados fechados de outras áreas, por exemplo, das Ciências Humanas.

Se a História ocupou no século XIX o lugar de destaque e de controle em relação à literatura, a linguística passou a ter no século XX, com o estruturalismo, a função de detentora da chave que abriria o intercâmbio disciplinar. Neste final de milênio, a ficção estaria atuando como a mola mestra do saber. Se os dois primeiros exemplos – o paradigma histórico e o linguístico – traduzem a subordinação disciplinar e o racionalismo científico que marcaram o pensamento moderno, o terceiro revela o poder da imaginação como possibilidade de saída para o convívio entre a teoria e a ficção. Movida ainda por princípios hierarquizantes e verticalizados quanto ao exercício da interdisciplinaridade, a crítica literária estaria cometendo o mesmo equívoco das análises anteriores, ao escolher um determinado discurso como aglutinador e capaz de condensar os demais:

> Se, no século passado, o romance tinha de imitar a História para se legitimar, Borges contribuiu decisivamente para o modo inverso: o historiador, senão o filósofo hão de se tornar ficcionistas. Este monismo do ficcional não é menos autoritário e controlador quanto qualquer outro. É certo que o ficcional não pode se considerar a si mesmo depositário da verdade, porque seria negar seu próprio estatuto. Ou seja, o limite para o germe controlador que encontramos em Borges, constituído pelo fato de que não pretenda ser senão um ficcionista. (LIMA, 1998, p. 301)

Colocando-se partidário da pluralidade discursiva, o teórico discorda ao mesmo tempo da posição monista dos controladores da ficção – e do imaginário – e daqueles que se inclinam a reduzir todas as manifestações discursivas à invenção ficcional. A culpa, portanto, deixa de ser apenas de Borges, embora este se comporte como o grande inventor de ficções. A culpa também é daqueles que se apropriam desse universo metafórico, alçando-o à categoria de um modelo ideal, possível de se adequar a qualquer outro. Na condição de fabricante de ficções, torna-se evidente que o lugar ocupado pelo escritor na cadeia dos discursos é de outra ordem. Por essa razão, no entender de Luiz Costa Lima, seria por demais desaconselhável interpretar a obra de Borges segundo um viés exclusivista.

No extremo oposto ao pensamento do teórico brasileiro – embora insistindo na metáfora da ficção como traço diferenciador da obra borgiana – o texto do filósofo francês Quilliot tem como argumento de defesa os princípios humanistas que por muito tempo nortearam a crítica literária e a própria literatura. Diante da desconstrução estruturalista do sujeito e da ação igualmente desmitificadora da ficção moderna, responsáveis pelo desaparecimento de categorias identitárias, racionalistas e essencialistas, o filósofo encontra em Borges a ilustração literária mais fascinante desse estado de coisas. A ficção borgiana apresenta-se como a grande causadora da "instauração da morte no interior de um universo de tinta e papel", resultando no endosso do desaparecimento da figura do sujeito em um universo dominado por um enredo traçado pelo destino literário.

Mas o que se torna alvo das inquietações do filósofo é a impossibilidade de a obra de Borges conservar a perspectiva realista do mundo. Preso ao mais detestável princípio estético negado pela poética borgiana – o realismo – esse texto consegue apontar o outro lado da moeda, a teoria neo-humanista que pretende controlar o ficcional com base em premissas fortemente ligadas à liberdade, ao livre arbítrio e à salvação do homem. Nesse sentido, Borges representaria o lado obscuro e pessimista da época moderna, por construir ficções que desmoronam as certezas inventadas pela metafísica ocidental: "nenhuma lucidez é possível, o homem é destinado a uma cegueira radical".[1] O discurso filosófico neo-humanista estaria assim cumprindo a tarefa de ser o guardião do saber moderno, insurgindo-se contra aqueles que contrariam as leis por ele defendidas. Na encruzilhada do final de século, torna-se igualmente inaceitável a imposição de um discurso frente aos outros, principalmente se ele se refere ao ficcional, que, em princípio, não se reduz a redimir os males da humanidade.

Em posição marcadamente contrária à do filósofo francês e à de Luiz Costa Lima, Lisa Block de Behar constata que, na metade do século XX, filósofos, escritores e críticos partem das considerações e da ficção de Borges para a elaboração das teorias e dos paradigmas do pensamento contemporâneo. A imaginação racionalizada da poética borgiana seria uma das razões pelas quais tanto fascínio ela exerce no imaginário crítico desta época, em que as fronteiras disciplinares deslizam entre teoria e poesia, história e ficção, vigília e sono, realidade e representação. "Nessa estética sem limites de Borges", comprova-se o desaparecimento das oposições que definiam as diferenças sistemáticas de doutrinas mais rígidas, assim como o rigor dos sistemas e o otimismo neopositivista dos modelos científicos (BEHAR, 1998, p. 16-17).

---

[1] *"Cet aveuglement est tellement profond qu'il rend impossible de conserver une perspective réaliste sur le monde. Renonçant à notre matérialisme spontané, qui préssupose une foi minimale dans les pouvoirs de l'intellect rationnel, Borgès préfère adopter une hypothèse audacieusement idéaliste: celle, on l'a dit que le monde possède un ordre que nous ignorons, tout à fait différent de sa rationalité apparente, ordre qui assigne à tout événément une fonction précise et nécessaire"* (QUILLIOT, 1988, p. 297).

Depois de dados abundantes reunidos por Emir Rodríguez Monegal em *Borges par lui-même*, primeiro, e em outros livros, depois, já resultaria redundante fazer constar que M. Blanchot, M. Foucault, J. Derrida, G. Genette, também J. Baudrillard, H.R. Jauss, E. Levinas, J. Barth, P. de Man, H. Bloom, G. Vattimo, J. L. Lyotard, U. Eco, e tantos outros pensadores, escritores e realizadores desta segunda metade do século partem das considerações e das ficções de Borges. Tudo *passa* por Borges, é ele passagem obrigatória, o trânsito e a causa inicial. Tantos poetas, tantos teóricos e críticos se ocupam da imaginação de Borges, que a imaginação de Borges ocupou o mundo. Não em vão, um crítico norte-americano propunha "nominar Borges" o emblema desta era. Eu acrescentaria ao emblema a inscrição *ante litteram*, mas essa é outra história. (p. 15)

A posição radical da ensaísta diante do papel fundador da ficção borgiana em face dos demais discursos merece ser discutida, considerando-se o próprio conceito de fundação e a temerária ideia de pertencer a imaginação ficcional a um só autor ou a um discurso propenso a abarcar o mundo. A eleição do escritor argentino como precursor do ideário ficcional da modernidade contradiz a poética borgiana, pois torna-se inadmissível aceitar que princípios causalistas promovam a existência de teorias. Com a conhecida frase de Borges "o escritor é que cria os seus precursores", abole-se a dimensão temporal das relações afetivas e instaura-se o livre trânsito de empréstimos, sem a adoção de um paradigma específico. Corre-se ainda o risco de transformar a ficção borgiana em categoria absoluta e mundializada, capaz de penetrar em todos os ramos do saber e de abrir as portas da literatura de todos os tempos. O antídoto para a desmesura e a infinita potência desse discurso é proceder com cautela, utilizando as próprias limitações históricas que os conceitos e as metáforas sofrem no interior do discurso crítico-teórico.

Antológica tornou-se a apresentação de *As palavras e as coisas*, de Michel Foucault, em 1966, na qual Borges é o nome que convida à reflexão filosófica do momento, com a citação da inusitada "Enciclopédia chinesa", capaz de embaralhar os princípios norteadores do pensamento ocidental. Esse marco histórico da episteme estruturalista representa o início do olhar desarmado do europeu frente à América Latina, que passa a rever os diferentes tipos de racionalidades com a ajuda do imaginário presente nos textos de Borges. Embora a lógica inusitada permita a constatação de lugares heterotópicos, da presença do Outro diante da supremacia européia do Mesmo, o sorriso de espanto de Foucault, no entender de Silviano Santiago, duplica "tanto antigas leituras européias das culturas colonizadas, quanto modernas leituras latino-americanas das culturas colonialistas". Nesse sentido, Borges torna-se exportador de exotismo, "re-alimentando o esgotamento cultural e artístico do Ocidente europeizado". De que forma Foucault se apropria da "realidade" latino-americana descrita metaforicamente por Borges? Ao descobrir lá na França que a China é aqui na América Latina e acolá, na Ásia. Ao descobrir que tudo é familiar (SANTIAGO, 1998, p. 34-35).

Compartilhar a posição de Lisa Block de Behar de ser o discurso ficcional borgiano contaminado por ingredientes teóricos que o colocam no mesmo patamar dos textos representativos do saber contemporâneo – por não mais sustentarem os antagonismos entre "criação e crítica", "obra de imaginação e obra intelectual" – significa acreditar no caráter inventivo da teoria e na força teórica da ficção. Mas entre a defesa da ficção fundadora de Borges, no espaço interdisciplinar dos discursos das Ciências Humanas, e a sua condenação realizada pelo filósofo, ou a cautela demonstrada por Costa Lima diante do valor essencial atribuído a esse discurso, a saída é conseguir articular o conceito de ficção com o da História, assim como o estatuto da estética borgiana com outras manifestações discursivas. Se a acusação de ter sido o saber teórico da modernidade dominado por critérios universalistas e pela autoridade teórica dos conceitos, a outra face da moeda não poderá se manter ilesa, por defender a autonomia de um discurso que já nasceu híbrido e multifacetado. É importante ainda apontar os limites que a leitura dos teóricos franceses revela sobre a obra de Borges, pois ao lado da dívida para com esse universo ficcional, reforça-se o desconhecimento do imaginário latino-americano.

Ao se propor o desafio de que Borges emblematiza, com seu nascimento em 1899, a morte do século XIX e a vida do XX, não é de se estranhar que sua obra tenha cumprido o destino de uma abertura para o futuro. Na virada do século, constata-se o poder de uma literatura que se notabilizou pelo altíssimo grau de potencialidade e de desapego aos marcos históricos, ao retraduzir poéticas narrativas que pertencem tanto ao século passado quanto ao atual. Se ainda a estética de *fin de siècle* vale-se da indefinição de estilos e da releitura dos vazios da modernidade, Borges permanece, inevitavelmente, como uma das agudas vozes do presente.

LO CERCANO SE ALEJA

> *É que viver se parece muito com a cegueira e a velhice. De qualquer jeito, não é patético, é bom, as coisas se afastam, se esfumam, se esvaem e a gente não pode imaginá-las melhor ou lembrá-las. É como a ausência, que é uma forma de presença, ou a nostalgia, por exemplo. A cegueira se parece com todas essas coisas que são certamente valiosas, a nostalgia, a velhice, que é bela também.*
>
> Borges

Em depoimento a uma revista francesa de literatura, os *Cahiers Céline*, um guarda- florestal confessou que a sua biblioteca servia apenas para o seu uso particular. No ato de leitura, tinha sempre a tesoura nas mãos para que pudesse cortar as passagens de que não gostava, conservando as de sua preferência: "Eu leio com a tesoura nas mãos, desculpem-me, e eu corto tudo o que me desagrada" (COMPAGNON, 1979, p. 27-28). Sua biblioteca, verdadeira *bricolage* de textos, consistia em um amontoado de fragmentos, parágrafos da literatura mundial, restos conservados por uma leitura específica. Ao cortar os livros da mesma forma que se cortam as árvores, o guarda-florestal repete o gesto artesanal da leitura e da citação. O manuseio do papel, da tesoura e das letras simboliza o ato de leitura como expiação e dilaceração. Mutilam-se corpos, sacrificam-se versos, e a citação promove a circulação do sentido, que dependerá do lugar em que foi enxertado. A atitude do guarda-florestal escandalizou o público leitor da revista por ter tomado ao pé da letra a prática da citação que todos, sem exceção, exercem: selecionar, cortar, colar e recompor os textos conforme o recorte pessoal.

Tecer considerações sobre a biblioteca é constatar a escolha de um saber resultante da prática infinita da citação, do gesto intencional de se eleger este ou aquele autor e inseri-lo no universo pessoal de artifícios e de ficções. Essa tendência não é exclusiva da literatura de Borges, pois abarca uma das múltiplas vertentes da poética contemporânea. Se o guarda-florestal tomou ao pé da letra a prática da citação, o escritor argentino a elevou ao grau máximo de metaforização, ao se apoiar tanto nos textos já escritos quanto nos apócrifos ou inventados. Não resta a menor dúvida de que Borges representa, na tradição da literatura contemporânea, a teoria da escrita como citação.

O exame da biblioteca borgiana implica uma série de associações de ordem literal e metafórica, além de inúmeros desdobramentos relativos à formação intelectual do escritor, de suas preferências literárias e filiações livrescas. De grande fascínio reveste-se ainda a exploração do espaço real e simbólico da biblioteca, lugar labiríntico formado por galerias, cantos e escadas que se perdem no infinito, ou das estantes que acolhem impassíveis os mais estranhos e distintos livros. Sala de leitura que se fantasmagoriza quando o seu guardião é um cego que assume a personagem de

Borges – ou Jorge de Burgos de *O nome da rosa* – artífice das ficções nascidas no interior de uma floresta de palavras. Triste ironia que faz do guardião dos livros um habitante da noite. Sua cegueira é para ele um dom, um instrumento capaz de impulsionar a criação, à medida que a perda resulta em ganho:

> Aos poucos fui compreendendo a estranha ironia dos fatos. Sempre imaginei o Paraíso como uma espécie de biblioteca. Há pessoas que o imaginam como um jardim e outras que pensam nele como um palácio. Em todo caso, aí estava eu, no centro de novecentos mil volumes, em diversos idiomas. Verifiquei que só tinha condições de decifrar as capas e lombadas. (BORGES, 1983a, p. 168)

O convívio permanente com a biblioteca concede a esse leitor de minúcias e de fragmentos de textos, de "capas e lombadas", o hábito de exercitar o olhar míope que apaga o suposto olhar onipotente do saber, perdido no afã de tudo abarcar. A versão condensada dos livros dispersos nas estantes é para Borges uma das formas de ampliar o arsenal de histórias, reduplicando as letras contidas no grande texto do paraíso-biblioteca. Funciona ainda como estratégia capaz de anular a personalidade autoral: ele se nomeia declaradamente copista e tradutor das tramas urdidas pelos livros. Na biblioteca, a leitura e a escrita contribuem para a formação de um procedimento complementar, tornando-se Borges o leitor de um texto que o precede. Perdido no labirinto, o escritor reduplica e traduz saberes que ao mesmo tempo o aprisionam e o libertam.

Na mitologia borgiana, essa biblioteca assume igualmente dimensões variadas: de início, configura-se como a biblioteca paterna em que Borges literalmente nasce como escritor e leitor da literatura mundial. Inscreve-se de forma histórica na biblioteca, entendida em seu estatuto de instituição pública, na qual o escritor por muitos anos ocupa a função de diretor. A biblioteca representa, enfim, o lugar em que metaforicamente o processo criativo borgiano ganha forma e se justifica.

A estreita analogia buscada por Quixote entre o mundo e os livros – e as descobertas da semiologia que conferem ao real o estatuto de representação – partilham com Borges a construção de uma poética do objeto-livro como modelo reduzido do universo-biblioteca. O narrador borgiano jamais se livra do espectro do espaço ficcional, uma vez que a realidade exterior encontra-se de tal maneira contaminada pela representação que se confunde com as letras adormecidas nos volumes. A proliferação infinita de textos e o esforço vão de enclausurar o sentido na dimensão limitada dos livros os transformam em réplicas das mil e uma noites árabes, a narrativa das narrativas, sem fim nem começo:

> Dizem os árabes que ninguém pode / Ler até o fim o livro das Noites. / As Noites são o Tempo, o que não dorme. / Segue lendo enquanto morre o dia. / E Sherazade te contará tua história.[1] (BORGES, 1989, p. 170)

O livro das noites, narrativa contada pelos *confabulatores nocturni,* os rapsodos da noite, remete simbolicamente para a imagem de Borges como o rapsodo que, em virtude da cegueira, vale-se da oralidade como recurso eficaz para transmitir a literatura que é aí engendrada. Empenhado na prática de releitura do

---

[1] *"Dicen los árabes que nadie puede / Leer hasta el fin el libro de las Noches. / Las Noches son el Tiempo, el que no duerme. / Sigue leyendo mientras muere el día. / Y Shahrazad te contará tu historia."* Tradução de Graciela Ravetti.

passado por meio da memória auditiva – suplemento da memória visual – o escritor entoa versos que remetem à tradição oral e ao encontro de textos dos antepassados. Permanece a consciência da sombra e de seus duplos, da penumbra que ainda conserva um pequeno raio de luz ou do espetáculo ambivalente do pôr-do-sol: "Melhor já disse Goethe: o próximo se afasta / Essas quatro palavras cifram todo o crepúsculo".

O sentido cifrado nas quatro palavras do verso de Goethe condensa o desaparecimento do que é próximo e a suspensão gradativa da referência visual. A constatação da cegueira como fenômeno crepuscular sela a conferência de Borges sobre o tema presente em *Sete noites*, em que a fuga do objeto e a permanência do saber calcado na representação transformam o universo real numa dimensão múltipla e arbitrária, vazio significante que conduz ao preenchimento aleatório do sentido. Se para Borges não existem mais letras nas páginas dos livros, as vozes se reduzem a ecos, e os rostos, a máscaras, rompe-se a ilusória plenitude das imagens e a limitação das contingências espaço-temporais. A ficção se dobra de forma contundente na ficção, traço da poética borgiana que se pauta por uma temporalidade contínua e ao mesmo tempo intermitente, entre o sonho e a vigília, a noite e o dia, abolindo-se as fronteiras entre a vida e a ficção:

> É verdade que, no crepúsculo, tudo que está próximo se torna distante; as coisas que nos rodeiam vão se afastando de nossos olhos, assim como o mundo visível se afastou de meus olhos, talvez para sempre. (BORGES, 1983a, p. 168-169)

Se o crepúsculo representa para Borges o instante de afastamento do referente pela força do simulacro, um dos princípios do saber pós-moderno segundo a interpretação de Paul Virilio, ele não mais se pauta pela descontinuidade temporal. Nas palavras do filósofo, torna-se possível, nos dias atuais, atingir um grau de indistinção entre os "raios vermelhos do crepúsculo e os clarões esverdeados da aurora". Oblitera-se a cena e dilui-se a separação entre dia e noite, exterior e interior, próximo e distante. O excesso de luz que se projeta na paisagem aberta do espaço pós-moderno é revelador de seu aspecto obsceno, pois "o que está distante se aproxima". Inverte-se a frase cifrada do crepúsculo, que serviu de imagem para a criação da poética borgiana: "tudo o que está próximo se torna distante", visto estarem as barreiras temporais e espaciais do olhar contemporâneo marcadas pelo excesso de visibilidade produzido pela luz artificial, igualando a paisagem, tornando-a lisa e transparente. Uma das vertentes do saber moderno estaria configurada na definição borgiana da cegueira e do crepúsculo em que o referente se afasta e a imagem cega permite o afastamento do vivido e a criação de simulacros. Na estética pós-moderna, pelo acúmulo de imagens que invadem o espaço doméstico e particularizado de cada um, tem-se uma diluição mais violenta do referente, uma vez que o excesso de luz é capaz de cegar o sujeito.

Torna-se cada vez mais evidente a construção da poética da cegueira em Borges, ao se analisar a estreita articulação entre os textos literários, ensaísticos e confessionais por ele produzidos. Para se obter a teorização dessa poética, são associados metaforicamente os atos vitais com os da ficção, para que sejam criadas pontes imaginárias entre os fatos narrados e os conceitos. Esse procedimento fabular da crítica literária biográfica tem em vista a produção do saber narrativo, engendrado pela conjunção simultânea da teoria e da ficção, da representação e da realidade, da imagem e do conceito. Em Borges, o vínculo entre o discurso da cegueira e o da literatura permite a sua inserção na linhagem dos escritores cegos, tais como Homero, Milton, Prescott e Joyce; na sua história familiar e na tradição dos diretores da Biblioteca Nacional, guardiães cegos do saber enciclopédico, como Groussac e Mármol.

Essa poética reveste-se ainda do apelo ao discurso oral e da prática auditiva da memória, bem como da expressão paradoxal e crepuscular do conhecimento, uma vez destituído da clarividência ilusória da luz e da escuridão provocada pela cegueira total. Firmada pelo pacto de cumplicidade estabelecido com o outro, a estética borgiana leva às últimas consequências a questão do duplo por intermédio da pulverização da propriedade autoral, configurada na assinatura de seus múltiplos parceiros. São esses os escribas do grande texto da biblioteca mundial, traduzido e ditado pelo escritor cego.

Em vez de postular o endosso de afinidades existentes entre ele e os demais autores cegos, Borges ressalta tanto a preocupação com os aspectos visuais na poesia quanto o incessante desejo de recuperação da memória, da origem rasurada das histórias pessoais. A dedicação ao estudo das línguas saxônicas, laço cultural vinculado ao legado paterno, assinala a mudança do traço visual pelo auditivo, resultando no apelo aos ecos da história familiar reinventada pela repetição em voz alta da saga dos antepassados. As palavras adquirem o estatuto de objetos que, sob o efeito de uma lupa, erguem-se à superfície da página e se inscrevem picturalmente como um talismã reconquistado. A leitura em *close* dos mistérios existentes nessas línguas, realizada com a ajuda de suas alunas, revela para o escritor o caráter ao mesmo tempo petrificado e móvel dos signos: "Cada uma das palavras se sobressaíam como se estivesse gravada ou como se fosse um talismã" (BORGES, 1983a, p. 172).

O que há de mais relevante nesta tradição literária à qual Borges se filia é a aproximação com a ideia de coautoria, um dos traços de sua poética, ao se referir à autoria dos livros na biblioteca. Em "Poema dos dons", divide com Groussac – autor francês radicado na Argentina, cego e antigo diretor da Biblioteca Nacional – a propriedade do texto, já que o nome próprio, ao representar o aspecto contingente e diferenciador da autoria, se pulveriza na realidade visível e indiferenciada da cegueira. Resta a uniformidade precária de uma sombra que projeta a imagem plural dos sujeitos. A biblioteca se dilui no grande texto escrito por vários autores, formado pela matéria espelhada dos sonhos e das infindáveis narrativas, que para usar expressões do próprio poeta, se perdem nas cinzas e no esquecimento. Apaga-se a imagem unívoca do sujeito, da pessoa e do nome próprio, causada pelo espectro de semelhança, sombra que se projeta em outra sombra.

Ricardo Piglia, em artigo intitulado "A heráldica de Borges", divide a obra desse autor em duas vertentes: o culto aos livros, à literatura, à biblioteca – saber livresco herdado da linhagem paterna; e o elogio à coragem, às histórias orais e a certos fatos históricos cujas personagens evocam antepassados do autor, ligados ao lado materno e à história argentina. A conjunção das linhagens constitui a ponte para a compreensão dos sistemas narrativos que estruturam os seus livros, bem como da contradição presente na obra de Borges e na própria cultura argentina. No primeiro caso, incluem-se os contos, poemas e ensaios voltados para a metáfora do livro como artifício narrativo

(*Ficções, O livro de areia, O aleph*, entre outros). No segundo, as narrativas presentes em *O informe de Brodie*, nos ensaios gauchescos ou nos poemas sobre a saga guerreira da família.

> Esta ficção é uma interpretação da cultura argentina: essas duas linhas são as que, segundo Borges, definiram nossa cultura desde a origem. Ou melhor: esta ficção fixa na origem e no núcleo familiar um conjunto de contradições que são histórias e que têm sido definidas como essenciais por uma tradição ideológica que remonta a Sarmiento. Assim, podemos registrar, sem analisá-las em detalhe, as contradições entre as armas e as letras, o crioulo e o europeu, entre a linhagem e o mérito, entre a coragem e a cultura. (PIGLIA, 1984, p. 6-7)

Em outro artigo, Piglia continua a montar a tradição literária e familiar do escritor, incluindo-se aí como um de seus mais próximos leitores, e inventa a expressão que já se tornou conceitual, a *mirada estrábica*. Nessa perspectiva criada pelo olhar enviesado de Borges, com um olho na pátria e outro na Europa, reside o caráter ambivalente de grande parte da literatura da América Latina. Escritores que mantinham laços afetivos e culturais com a Europa, que bebiam na fonte literária do velho mundo são caracterizados por Piglia (1991, p. 61) como representantes dessa *mirada*: "há que se ter um olho na inteligência européia e outro nas entranhas da pátria".[2] Borges, desconstrutor de mitos e de influências, tem a herança européia como uma de suas mais significativas precursoras literárias. Torna-se estranho, contudo, afirmar que a situação atual da literatura argentina se paute ainda

---

[2] "[...] *hay que tener un ojo puesto en la inteligencia europea y otro puesto en las entrañas de la patria.*"

pela dupla mirada de Borges. A transformação gradativa dos centros hegemônicos e a permanente mobilidade das transferências culturais contribuem para a releitura de diferentes alvos contidos no interior do próprio conceito de *mirada estrábica.*

Por meio da ficção evocadora da linhagem materna, Borges faz do discurso histórico argentino o simulacro de sua história familiar, herança épica que lhe dá direitos sobre o passado. Sob a forma de uma lenda de família, o passado nacional é conservado, permitindo ao escritor apropriar-se da História. Nesse clima de liberdade perante o destino literário, ele inventa igualmente uma fábula biográfica ao acreditar ser a literatura a maior herança legada pelo pai. Destino e liberdade se cruzam na concepção borgiana de literatura. Se, no plano das influências literárias, o escritor recusa heranças que são recebidas de forma gratuita e passiva, no plano da herança familiar, o destino tem muito mais força. Não estaria aí uma das formas clicherizadas de Borges conceber sua condição de escritor, presa ainda a laços de sangue? Teorizar sobre o destino literário consiste, ironicamente, na retomada da linhagem familiar como forma de citação infinita do discurso construído pelos antepassados. Ou por aqueles eleitos pelo escritor como seus precursores.

A tradição literária borgiana tem início, portanto, na biblioteca paterna – o pai inicia o filho no conhecimento da literatura inglesa e europeia –, e lhe deixa como dote a literatura. Ao tornar-se escritor, realiza o desejo paterno e cumpre o destino já traçado pelas letras dos livros e pela incontrolável paixão pela leitura. Mas a tradição familiar é ainda reforçada pela cegueira, traço hereditário responsável pelo elo existente entre os bens do sangue e os bens das letras.

Não lembro uma etapa de minha vida em que eu não soubesse ler e escrever. Se alguém tivesse dito para mim que essas faculdades eram inatas, eu teria acreditado. Nunca ignorei que meu destino seria literário. Sempre estava lendo e escrevendo. A biblioteca de meu pai me parecia agradavelmente infinita. As enciclopédias e os atlas me fascinavam. Agora compreendo que meu pai despertou e fomentou essa vocação. Ler e escrever são formas acessíveis da felicidade [...].[3] (BORGES, 1988b, p. 85-86)

A extensa e variada galeria de duplos que estrutura o universo ficcional borgiano provém de várias fontes, destacando-se a troca de papéis entre pai e filho, unidos pela semelhança dos nomes, e da predileção pela literatura. A coautoria na trama da vida se espelha nos equívocos da crítica, que ora atribui a Borges a autoria de traduções feitas pelo pai, ora confere ao pai a assinatura dos primeiros textos do filho. Diluem-se os limites da propriedade autoral, a partir do endosso de um programa literário elaborado com a ajuda de múltiplos protagonistas, iniciado no círculo familiar e prosseguido no círculo de amigos. A invenção literária se mescla à simbiose familiar e social, tornando-se difícil delimitar as fronteiras discursivas segundo os critérios de ordem causalista e excludente.

A mãe de Borges é considerada uma das mais fiéis companheiras da leitura e da escrita do filho – posição compartilhada, em menor escala, pelas secretárias, amigos e coautores do escritor – tornando-se

---

[3] *"No recuerdo una etapa de mi vida la que yo no supiera leer y escribir. Si alguien me hubiera dicho que esas facultades son innatas, lo habría creído. Nunca ignoré que mi destino sería literario. Siempre estaba leyendo y escribiendo. La biblioteca de mi padre me parecía gratamente infinita. Las enciclopedias y los atlas me fascinaban. Ahora comprendo que mi padre despertó y fomentó esa vocación. Leer y escribir son formas accesibles de la felicidad.[...]"*. Tradução de Graciela Ravetti.

até responsável pelo desfecho de alguns de seus contos. Nas inúmeras dedicatórias dirigidas à mãe, destaca-se a que se apresenta na abertura das *Obras completas*. Nesta, são divididos os créditos de autoria: "Aqui estamos falando os dois, et tout le reste est littérature, como escreveu, com excelente literatura, Verlaine"[4] (BORGES, 1990, p. 9). A dedicatória convida à leitura da figura materna sob dois ângulos: quer como mediadora do conhecimento da biblioteca de Borges, quer como parceira no gesto familiar de gerar literatura. A herança materna e o diálogo aí entretecido confirmam a retomada da oralidade na obra de Borges. A oralidade funciona como troca simbólica entre experiências, calcada no ato de ditar as palavras ao outro. O vivido passa pelo registro da fala e se cristaliza na palavra, diminuindo a distância entre o escrito e o mundo interior.

Firmada pelo pacto de cumplicidade estabelecido com os parceiros, a obra de Borges compõe-se da assinatura de colaboradores, coautores e escribas que transcrevem o texto ditado pelo escritor. A figura do amigo e escritor Bioy Casares desempenha um papel importante nessa relação ao inventar, com Borges, um fictício autor de contos parapoliciais, batizado de Bustos Domecq. A parceria permite a condensação desejada dos nomes próprios, espelhando-se em um terceiro nome, Biorges, nascido de sua conjunção. Acrescentem-se a esses coautores, os inúmeros entrevistadores, organizadores de antologias e de dicionários, além dos fotógrafos que captaram o instante do escritor e as imagens de suas andanças pelos mais distantes cantos do mapa-múndi. A parceria significa ainda a dependência do escritor com relação ao outro –

---

[4] *"Aqui estamos hablando los dos, et tout le reste est littérature, como escribió, con excelente literatura, Verlaine."* Tradução da autora.

ou a sua onipotência? —, atitude que evoca a repetição da prática secular da escrita, sempre atualizada pelo convívio hierárquico ou democrático entre as classes sociais ou entre o escritor e seu escriba. A função do escritor que dita para o escriba o texto que se transformará em livro se une à do escriba que registra essa fala, configurando-se o texto que se inscreve por meio de um pacto de dupla (e múltipla) autoria.

María Kodama, secretária e última companheira, substitui o papel da mãe de Borges, embora exerça, no final da vida do escritor, o papel de Antígona; reencena com ele o enredo clássico da última imagem de Édipo em Colona, a do pai-cego guiado pelas mãos da filha. A presença do braço que literalmente conduz os passos do escritor cego se estende para a convivência diária, os protocolos profissionais e os compromissos assumidos pelo intelectual nas suas inúmeras conferências feitas em diversas partes do mundo. A inscrição do outro nos textos borgianos ultrapassa o âmbito simbólico, revelando-se parte integrante do sujeito:

> É da senhora este livro, María Kodama [...]. Só podemos dar o que já demos. Só podemos dar o que já é do outro. Neste livro estão as coisas que sempre foram suas! Que mistério é uma dedicatória, uma entrega de símbolos![5] (BORGES, 1985b, p. 11)

A ideia contida no termo inscrição possibilita que se cristalize, pela escrita, a experiência vista como palavra que se troca através do diálogo mantido entre eles.

---

[5] *"De usted es este libro, María Kodama [...]. Sólo podemos dar lo que ya hemos dado. Sólo podemos dar lo que ya es del otro. En este libro están las cosas que siempre foram suyas! Qué misterio es una dedicatoria, una entrega de símbolos!"* Tradução de Graciela Ravetti.

A doação do livro desconstrói o sentido de propriedade autoral de Borges e a insere em uma alteridade, em
que não existe mais, ao menos imaginariamente, separação
entre as instâncias do eu e do tu. O objeto – a inscrição, o
livro – resulta da aproximação mediatizada entre a vida e a
arte, a memória e o esquecimento. Inscreve-se o que de res-
quício ficou da memória do vivido, em que as palavras
são consubstancializadas em coisas, símbolos e emblemas da realidade.

UM ESTILO, UM *ALEPH*

> Borges tem um insólito modo de trabalhar. Dita cinco ou seis palavras, que iniciam uma prosa ou o primeiro verso de um poema e imediatamente pede que as leiam para ele. O indicador de sua mão direita segue sobre o dorso de sua mão esquerda a leitura como percorrendo uma página invisível. A frase é relida uma, duas, três, quatro, muitas vezes até que ele encontre a continuação e dite outras cinco ou seis palavras. Em seguida se faz ler todo o já escrito. Como ele dita com pontuação, quando se lê tem que dizer também a pontuação. Esse fragmento, que acompanha o movimento de suas mãos, é relido até que ele ache a frase seguinte. Cheguei a ler uma dúzia de vezes um fragmento de cinco linhas. Cada uma dessas repetições são precedidas pelas desculpas de Borges que, de certo modo, se atormenta bastante com esses supostos incômodos a que obriga a sofrer o seu escriba. (VÁSQUEZ, 1977, p. 29)

Ao perder de forma gradativa a visão, sem contudo considerar-se plenamente cego, Borges vê-se na contingência de ditar seus textos para alguém, utilizando, para tal, os recurso da memória e do gesto que mimetiza e simula a escrita sobre o papel. Seguindo o ritmo lento e repetitivo da criação, fruto do armazenamento de um saber que se define muito mais pela leitura da biblioteca mundial do que pela produção autoral de literatura, esse "insólito modo de trabalhar" reveste-se ainda da arte do mínimo e da lúcida precisão, traços reveladores da poética borgiana. Escrever sobre uma página invisível cinco ou seis palavras de cada vez no dorso da mão esquerda é ditar o texto ao escriba, que o copia quase simultaneamente ao ato de fala do autor. Nesse espaço de criação em que a escrita e a leitura tornam-se exercícios paralelos e ecoam num tempo destituído do antes e do depois, o gesto escritural inscreve-se naturalmente sob o signo da alteridade e do distanciamento do sujeito em face do objeto. A coautoria no ato poético revela-se pela repetição das palavras e das frases tanto para aquele que as dita quanto para quem as copia, reproduzindo-se a encenação secular da escrita e de sua imediata leitura. As vozes comandam o escrito, e o estatuto da oralidade é recuperado em virtude da impossibilidade de o texto se materializar diretamente pela escrita e com a ajuda da visão, devendo o seu recitador valer-se da mediação como procedimento capaz de efetivar a inscrição no papel em branco.

O movimento do indicador sobre o dorso da mão esquerda remete para o duplo gesto da escrita invisível, da presença simulada da caneta, do estilete que escreve, assim como da leitura horizontal, imposta pelo modelo de escrita das línguas ocidentais, realizada da esquerda para a direita. O estilete dessa escrita simulada substitui a prática da escrita e da leitura em braile, referência inexistente no imaginário criador de Borges, que prefere a repetição do ritual milenar do ato de escrever, efetuado por meio da intermediação do escriba e da leitura em voz alta. Reconquistar a oralidade como traço imprescindível ao ato criador não significa o abandono do gesto corporal da escrita, que se reveste, definitivamente na obra do autor, de caráter simulado, fingido, distanciado e parodístico. Memorizar as frases ou os versos para depois ditá-los produz efeitos paradoxais na poética de Borges referentes ora à concisão formal, ora à repetição infinita e sempre diferenciada do fragmento textual. Reconfigura-se a obra por intermédio da imagem do texto em abismo, por sua reprodução e seu alargamento, assim como pela construção de modelos reduzidos que miniaturizam a própria obra.

A cegueira permitiu a Borges a conquista de outras formas de percepção da realidade, da substituição do "mundo das aparências", do mundo visível, pela imaginação sempre ativa, pela escuta da voz alheia que lhe recita os versos e os textos dos autores preferidos ou das línguas anglosaxônicas aprendidas com a ajuda das alunas. Diante da emergência de criar com o uso da prática cuidadosa da memória, o autor troca, por volta dos anos 1950, a prosa pela poesia, ficando uma década sem escrever contos ou artigos maiores. Retorna ao soneto, para ele dotado de forma fixa e, portanto, mais fácil de ser lembrado. Em vez de elaborar intermináveis rascunhos para refinar frases e parágrafos, aprendeu a compor de memória e a apoiar-se na métrica para "obter os mesmos efeitos que antes buscava com sua pequena escrita manuscrita, semelhante a patas de aranha".

A mudança processada na escolha da poesia como suplemento da prosa contribui ainda para a transformação do complexo e sutil modo de elaborar ficções, tornando-se um poeta, um rapsodo, um cantor (MONEGAL, 1987, p. 391).

> Uma conseqüência perceptível de minha cegueira foi meu abandono gradual do verso livre em favor da métrica clássica. Na verdade, a cegueira me fez retomar de novo a poesia. Já que rascunhos me eram negados, tive

de recorrer à memória. É obviamente mais fácil lembrar o verso do que a prosa e lembrar formas regulares de verso de preferência às livres. O verso regular é, por assim dizer, portátil. Pode-se descer a rua ou andar no metrô enquanto se compõe e se trabalha um soneto, pois a rima e o metro têm virtudes mnemônicas. Naqueles anos, escrevi dúzias de sonetos e poemas mais longos consistindo de quartetos undecassílabos. (BORGES, 1977, p. 114)

A retenção pela memória da forma e do ritmo do soneto permite o prolongamento infinito da criação poética, que se mescla à aventura cotidiana e se integra ao movimento metódico e maquinal dos passeios pelas ruas da cidade ou das viagens de metrô. O exercício contínuo da poesia independe da mão que a escreve, do espaço fechado do escritório ou da prisão branca da página. O tempo simultaneamente vivido pela imaginação tem o dom de transportar imagens ao longo das caminhadas e de se livrar da cronologia cerrada imposta pelo relógio e pela rigidez dos horários. A cidade passa a ser o cenário da escrita silenciosa de Borges, paradoxalmente regida pela métrica e pelo ritmo do soneto, assim como pela liberdade do movimento da memória e da paisagem. O atributo mnemotécnico da métrica e da rima suplementa as pausas e o ritmo produzidos pelo estilete na página, além de transformar a cidade na grande página aberta à poesia.

No desejo de união entre arte e vida, estética e cotidiano, reside um dos mais significativos princípios da poética moderna. Desde o início da modernidade, a estetização da existência representou a ampliação do conceito de arte e a destituição do lugar privilegiado a ela conferido, centralizando-a num discurso específico pelos cultores da diferença e do desvio.

Nesse sentido, a maneira particular de escrever, o estilo próprio ao indivíduo, tende a se diluir na multiplicidade de discursos que irão compor o perfil do escritor moderno, que passeia pelas ruas esteticamente povoadas das cidades. O escritor cego anda de metrô e elabora versos. A cidade de Buenos Aires continua sendo motivo de inspiração com a projeção de imagens estancadas de uma época em que o poeta conseguia ainda contemplá-la.

A cegueira de Borges aguça também a prática autobiográfica por meio da construção de associações metafóricas entre a obra e a vida, em que os temas da noite, da biblioteca, do livro e do ofício de escrever se reduplicam na figura do escritor cego. Nasce dessa prática o cultivo da repetição poética de séries combinatórias que tendem a reincidir, de maneira diferente, em vários momentos de sua obra. Com o processo de generalização produzido pela repetição de cenas convive ainda a redução geométrica obtida pela miniatura da imagem, fruto do esgotamento do movimento repetitivo. Nessa linha construtiva, o tema da cegueira transforma-se em poética do fragmento, do *aleph*, do suplemento e do crepúsculo, além de aspirar imaginariamente à plenitude da visão totalizante do universo.

Na exploração de metáforas poéticas referentes à cegueira, Borges utiliza-se ao mesmo tempo de uma fórmula intelectual e afetiva: do processo ambivalente de criação traduzido por Calvino como o cristal e a chama. Anti-inflacionária e econômica, a visão do crepúsculo é cifrada pelo verso de Goethe e apropriada à cegueira: "*todo lo cercano se aleja*". Em poucas palavras e um único verso, resume-se a fórmula poética da cegueira, traduzida pela condensação dela com o crepúsculo. "Tudo o que está perto se distancia" representa ainda o mecanismo de simbolização do objeto e a situação de afastamento do sujeito do conhecimento ante a verdade empírica, condições exigidas tanto pela criação metódica da ficção como pela produção do saber moderno.

A poética minimalista de Borges conta ainda com o seu repúdio à percepção empírica de "Funes, o memorioso", que, no lugar de selecionar, acumula registros, transformando-se em um depósito infinito de objetos, em uma réplica naturalista do universo. Nessa implacável memória, nada se perde, nada se destrói, em razão de estar ela regida pelo princípio de conservação acumulativa, no qual o ato de pensar não passa da reprodução do percebido: "Pensar é esquecer diferenças, é generalizar, abstrair". O que faltava a Funes era justamente a dimensão racional da abstração, a capacidade de construir saberes que atuassem como categorias aglutinadoras. Pelo fato de registrar apenas ideias instantâneas, diretas e detalhes imediatos, a memória é a fiel aliada da vigília e da insônia, estados guiados pela presença de um gigantesco e preciso olho que jamais descansa: "Minha memória, senhor, é como despejadouro de lixos" (Borges, 1970, p. 543).

Semelhante proposição é possível inferir do texto "Do rigor na ciência", no qual se reforça a necessidade de se operar a abstração do território pela construção redutora de mapas que não correspondem ao modelo original. A ausência de transparência entre o símbolo e o referente, a falta de correspondência entre a escrita e o mundo, bem como a diluição da imagem da literatura como espelho da realidade constituem os fundamentos do saber moderno. A poética borgiana, construída nesse entre-lugar da ciência e da arte, tem o mérito de dramatizar ficcionalmente máquinas e artes combinatórias, de proceder à leitura da filosofia e da teologia como fábulas, de encenar ironicamente a ciência, assim como de demonstrar a preferência pelos gêneros curtos e pelo trabalho magnético da miniatura. A grandeza da literatura – da mesma forma que a do império – não pode medir-se por centímetros, nem a riqueza da língua pelo número de suas vozes (CASTAÑÓN, 1996, p. 80-81):

> Naquele Império, a Arte da Cartografia alcançou tal Perfeição que o mapa de uma única Província ocupava toda uma Cidade, e o mapa do Império, toda uma Província. Com o tempo, esses Mapas Desmesurados não foram satisfatórios e os Colégios de Cartógrafos levantaram um Mapa do Império, que tinha o tamanho do Império e coincidia pontualmente com ele. (BORGES, 1999c, p. 247)

No conto "O aleph", Carlos Argentino Daneri, caricaturado por Borges como poeta empolado e decadente, primo-irmão de Beatriz Viterbo, a figura do amor ideal para o narrador, acredita possuir, desde a infância, um *aleph* no sótão de sua casa. À luz de sua inspiração escreve o poema "Terra", com a deliberação de substituir o mundo em vez de representá-lo. Para que pudesse terminar a obra, seria imprescindível preservar a casa onde morava, o *habitat do aleph*. Constata-se nessa empresa poética a mesma proposta empírica dos cartógrafos do mapa do império, quando Daneri se entrega à tarefa de "versificar a redondeza do planeta". Ele deseja conceber uma outra ordem no universo, o mundo da unidade, em que se evidenciasse a relação analógica do sujeito com a totalidade cósmica.

Do ponto de vista da estrutura literária, o conto consiste na redução parodística de *A Divina comédia* de Dante, uma das obras mais representativas da literatura ocidental para o autor. As personagens do conto encarnam, de maneira irônica, Beatriz, Dante e Virgílio. Através desse processo redutor, o grande poema da Idade Média é visto por Borges como uma lâmina, uma obra mágica, por meio da qual está simbolizado "tudo o que é ou alguma vez o será". O poema de Dante é, em poucas palavras, um *aleph;* ele apresenta um momento como cifra de uma vida e tem o mérito de construir personagens cuja vida pode ser a de alguns tercetos, mas que se reveste de eternidade:

> [...] eles vivem o espaço de uma palavra ou um ato, e não é preciso mais; são parte de um único canto, mas essa parte é eterna. Tais personagens continuam vivendo e se renovando na memória e na imaginação dos homens. (Borges, 1983b, p. 30)

O sujeito, elemento imprescindível no processo de criação científica e ficcional, ao se encontrar imerso na multiplicidade de registros da memória universal, comporta-se de maneira oposta à atitude de Funes, à dos cartógrafos e à do poeta Daneri, principalmente se esse sujeito responde pelo nome de Borges. O gesto seletivo e minimalista da escrita, longe de se constituir como uma manifestação exclusiva do sujeito-criador, reveste-se da força mediadora do saber que se produz com a concorrência de várias vozes e pela emergência de múltiplos olhares. Da profusão de textos já existentes na biblioteca do universo, o que resta fazer é reciclar, bricolar e criar novos arranjos e outras séries combinatórias de sentido, por meio do emprego da astúcia e do estranhamento exigidos para a operação de recorte.

FICÇÕES E PARADIGMAS

A uns trezentos ou quatrocentos metros da Pirâmide me inclinei, peguei um punhado de areia, o deixei cair silenciosamente um pouco mais longe e disse em voz baixa: *Estou modificando o Saara*. O fato era mínimo, mas essas palavras pouco engenhosas eram exatas e pensei que havia sido necessária toda minha vida para que eu pudesse dizê-las. A memória daquele momento é uma das mais significativas de minha estada no Egito.[1] (BORGES, 1984a, p. 82, grifo nosso)

Nesse breve texto extraído do livro de viagem *Atlas*, Borges sintetiza em uma frase o poder transformador da palavra na construção de realidades e de comportamentos. Ao admitir ter sido necessária a experiência de toda a sua vida para pronunciá-la, acredita ser o instante de encontro do passado com o presente o responsável pelo gesto inventivo, pela modificação do deserto. Transformar o Saara, ato performativo realizado no momento que é ritualizada uma ação aparentemente banal – pegar um punhado de

---

[1] "*A unos trescientos o cuatrocientos metros de la Pirámide me incliné, tomé un puñado de arena, lo dejé caer silenciosamente un poco más lejos y dije a voz baja: Estoy modificando el Sahara. El hecho era mínimo, pero las no ingeniosas palavras eran exactas y pensé que había sido necesaria toda mi vida para que yo pudiera decirlas. La memoria de aquel momento es una de las más significativas de mi estadía en Egipto.*" Tradução de Graciela Ravetti.

areia e deixá-lo cair silenciosamente –, configura-se de certa maneira como metáfora da poética de Borges. Nesse sentido, o universo se confunde com a biblioteca, por meio do elo metafórico e não por intermédio da naturalização dos símbolos, o real se prolonga na ficção e a vida passa a ser lida como livro. A captação dessa realidade imaginária resulta do processo intelectual e afetivo de concisão e de abstração, fruto do olhar que subtrai a totalidade em favor do fragmentário e do fulgor do instante.

A obra borgiana pode ser interpretada como a reduplicação do símbolo por ele mesmo criado, o *aleph*, que apresenta como traço significativo a compreensão irônica do cosmos como totalidade, a partir de sua operação redutora desse espaço. A esfera luminosa que dá nome ao conto "O aleph", cujo centro está em todas as partes, e a circunferência, em nenhuma, é o ponto de encontro imaginário, eterno e fugaz do infinito. A vivência desse instante, revelador e de extrema luminosidade para o narrador, tem a dimensão paradoxal da plenitude e do vazio, por se tratar de um acontecimento, destituído de sucessão temporal e da tridimensionalidade do espaço. Ao criar ficcionalmente o *aleph*, Borges apropria-se de conceitos metafísicos, sem contudo pretender a transcendência. Ciente da impossibilidade desse propósito, ensaia no momento presente da escrita o salto no vazio. Não é de se estranhar que a metafísica passe a ser considerada pelo escritor como um ramo da literatura fantástica, desde que seja absorvida pela proposta estetizante de seu discurso.

O deserto de Saara, em sua amplitude geográfica e ancestralidade histórica, torna-se similar às grandes narrativas, bem como à multidisciplinar e ilimitada enciclopédia. Em decorrência do gesto singular de

Borges, nesse deserto-texto inscreve-se outro verbete, que se apresenta como suplementaridade, uma vez que torna relativo o valor totalizante do saber enciclopédico. O ato simbólico é significativo para a compreensão da estética do escritor e do grau de sua importância para a história do pensamento contemporâneo. Em *Ficções*, um de seus mais notáveis livros, Borges brinca com as fontes, dribla o leitor com as falsas notas de pé de página e forja bibliografias fantásticas, reiterando o caráter tautológico e simulado dos inventos. No "Prólogo", assume ludicamente a autoria marota dos contos, considerando-se um mero compilador de textos alheios, tradutor da literatura universal. Este livro tem o estatuto de uma antologia da literatura fantástica:

> Desvario laborioso e empobrecedor o de compor extensos livros; o de espraiar em quinhentas páginas uma idéia cuja perfeita exposição oral cabe em poucos minutos. Melhor procedimento é simular que esses livros já existem e oferecer um resumo, um comentário. Assim procedeu Carlyle em *Sartor resartus;* assim Butler em *The fair haven.* (BORGES, 1999f, p. 473)

A performance de Borges no deserto egípcio constitui-se na versão simbólica de sua poética, pois entende que os textos que produz obedecem à álgebra do modelo reduzido da biblioteca mundial. Eles se apresentam como traduções, resumos, glosas, notas e exercícios imaginativos. O verbete que modifica o Saara é o toque de Midas responsável pela inserção do sujeito no ato criativo, transformando o deserto em ficção borgiana e incorporando-se ao livro de areia, sem começo nem fim. Visitar o Saara é deixar a marca pessoal na paisagem do livro – marca mesmo que ínfima, inscrição mesmo que invisível – e sua assinatura no contato com a realidade ficcional do deserto. Ao assumir essa postura, Borges reforça o caráter ambivalente do acontecimento, traçado tanto pelo destino da literatura, da mitologia ou da história, quanto pela ilusão do sujeito que se acredita inventor de realidades.

Ao visitar em Paris uma estranha exposição composta por uma coleção de objetos os mais inusitados – coleções de cincerros, de jogos de víspora, de tampinhas de garrafa, de assobios de barro, de bilhetes ferroviários, de piões, de embalagens de rolos de papel higiênico, de distintivos colaboracionistas da ocupação, de rãs embalsamadas – Italo Calvino se detém, admirado, diante de uma vitrine que exibe uma coleção de areia. Em seu conto "Coleção de areia" (Calvino, 1999, p. 20-22), essa estranha coleção representa a imagem em miniatura de um mapa residual e fragmentário do universo, o que permite associá-la à esfera invertida do *aleph* borgiano, instante fugidio e pleno de total visibilidade. Diante da pulverização da existência e da inevitabilidade de um mundo disperso e sem referências, a colecionadora opta por cristalizar as partículas do mapa de areia, guardando-as em frascos e expondo-as como exemplo de ordenação do universo:

> Tem-se a impressão que esta mostra da Waste Land universal esteja para revelar qualquer coisa importante; uma descrição do mundo? Um diário secreto do colecionador? Ou uma maldição sobre mim, que estou investigando estas clepsidras imóveis das quais me aproximei? Tudo isto junto, talvez. Do mundo, a coleta de areias soltas registra um resíduo de longas erosões que é ao mesmo tempo a substância última e a negação da sua luxuriante e multiforme aparência [...].
> (Calvino, 1999, p. 21)

Metaforizada como a poética de Calvino, a coleção de areia representaria ainda o cristal da palavra, possível de recriar um modelo distanciado da realidade e de conseguir organizar o mundo, caracterizado pela erosão e pelo descompasso. O conceito de literatura miniaturizada e condensada encontra nesse texto a máxima expressão do encontro entre Borges e Calvino e aponta a potencialidade de uma estética que acredita muito mais na revelação instantânea e fugidia do acontecimento do que na ilusão da posse total do objeto:

> Entretanto, quem teve a constância de levar adiante esta coleta, sabia o que fazia, sabia onde queria chegar: talvez mesmo afastar de si o estampido das sensações deformadoras e angustiantes, o vento confuso do já vivido, e obter finalmente para si a substância arenosa de todas as coisas, tocar a estrutura sílica da existência. (CALVINO, 1999, p. 21)

Em 1985, na casa Sotheby's, de Nova York, o manuscrito do conto "O aleph" é vendido por sua proprietária Estela Canto, uma das ex-companheiras de Borges e autora de *Borges à contraluz*. Escrito em grafia microscópica – as letras lembrando a configuração de patas de aranha – o original foi duplamente oferecido a Estela, seja como dedicatória inscrita no conto, seja como um presente do autor: "Ele foi à minha casa, com o manuscrito rabiscado, cheio de borrões e correções, e foi ditando para que eu o escrevesse à máquina" (CANTO, 1991, p. 159). Esta modalidade de coautoria pode ser detectada no gesto de ditar, com a ajuda do manuscrito, o texto que deverá ser passado a limpo. A leitura do autor em voz alta e os comentários ao texto durante o ato escritural transformam o diálogo em cumplicidade amorosa e em alegria pela doação mútua. Uma nova interpretação do *aleph* pode ser esboçada, considerando-se a função de se ter a propriedade do texto e de utilizá-lo como valor de troca fiduciária e simbólica.

Duas experiências vividas por Estela Canto ameaçam a posse do *aleph*: na primeira, um francês que dizia ter participado da Resistência, tentou roubá-lo; na segunda, um crítico uruguaio, tentando tomar emprestado o manuscrito para estudo, lhe procurou com a justificativa de querer ver a *escritura* de Borges. A então proprietária do *aleph* consentiu apenas em lhe dar fotocópias fragmentadas do manuscrito, referentes ao princípio e ao fim do conto (CANTO, 1991, p. 1983-184). O destino desse texto segue cumprindo o sentido da obra de Borges, feita de apropriações de manuscritos inventados, que sempre lhe chegam às mãos em mau estado, assim como os roubos e a pirataria dos textos alheios. Por outro lado, o *aleph* torna-se metáfora do modelo reduzido da obra borgiana, do fetiche e do fragmento oferecidos como dedicatória e sob a forma de um dom. Estela Canto possui o simulacro da obra, transfigurada no simulacro da pessoa com quem não mais compartilha o sentimento de propriedade.

O sentido da visibilidade total sugerido pela revelação do *aleph* continua a ser a preocupação desses críticos, impelidos pelo desejo de possuir ou de decifrar a escrita do autor e não a do conto. Substitui-se o símbolo pela coisa, naturalizando-se a percepção de uma escrita que já se configura em rabiscos de aranha. Da mesma forma, o *aleph* sai do sótão, do deserto e do livro e se inscreve na ficção do mercado simbólico da literatura, a partir da recuperação do valor de autenticidade do texto como mercadoria que vale ouro. A escrita de Borges liberta-se mais uma vez da prisão do espaço e do tempo, andando, como o *aleph*, de mão em mão, sem que o autor permaneça, tendo o cuidado de burilar frases, repetir fragmentos ou cortar excessos. Essa escrita, em razão do alto nível de simulação que representa, é emblemática para se entender a laboriosa construção de um clássico estilo moderno de fazer literatura.

A biblioteca de Borges, considerada tanto do ponto de vista literal quanto metafórico, apresenta-se, ao contrário daquela cultivada por Estela Canto, dotada de total desprendimento e invisibilidade. Se o manuscrito do *aleph* serve como objeto de troca por seu raro valor e como documento original da escrita do autor, a sua biblioteca particular, no entanto, é desprovida de qualquer exemplar de sua autoria, mesmo o das primeiras edições. O fato, relatado por seu ex-secretário particular Alberto Manguel, reitera o fato de o sentimento de posse da biblioteca borgiana estar situado no âmbito do imaginário, da memória e do vazio. O espaço restrito da casa enclausuraria o livro de areia, impedindo que as suas páginas pudessem ser manuseadas, relidas e possuídas pelos leitores de todo mundo. A modéstia do escritor, construída de forma irônica e teatral, permitia o cultivo da ausência material dos volumes como prova de que a sua assinatura seria "eminentemente esquecível", porém trazia na memória poemas inteiros que recitava para os amigos e ouvintes, ainda que simulasse esquecimentos e falhas no ato de lembrar os textos escritos há mais tempo.

Em posição distinta de Estela Canto, Borges deseja que a sua obra se desfaça do valor fiduciário, da roupagem sofisticada e do acabamento luxuoso. A autoria aliada à ideia de propriedade constitui um dos maiores fantasmas do escritor: o conceito de livro atinge dimensões que escapam ao controle do sujeito e se perde nas prateleiras da biblioteca. Se o manuscrito do *aleph* adquiriu valor de mercado e entrou em concorrência com outros objetos, em contrapartida, a transformação do conto "O congresso" em exemplar quase único, em razão de sua edição de luxo, vê-se reduzido a um objeto de natureza perecível e a uma função consumista. No texto de Manguel "A biblioteca de Borges", a atitude do escritor quanto ao novo feitio material do conto recebe uma interpretação curiosa que reforça a concepção borgiana de literatura:

> Certa vez, quando eu estava em sua casa, o carteiro trouxe um pacote grande contendo uma edição de luxo de seu conto "The Congress", publicado na Itália por Francisco Maria Ricci. Era um livro enorme, encadernado em seda negra com títulos folheados a ouro e impresso em papel azul Fabriano, feito à mão, com cada ilustração (o conto tinha sido ilustrado com pinturas tântricas) acabada manualmente, e cada exemplar numerado. Borges pediu que eu descrevesse o livro. Ouviu com cuidado e então exclamou: "Mas isso não é um livro, é uma caixa de bombons!", e imediatamente o deu de presente ao constrangido carteiro. (MANGUEL, 1999, p. 3)

Da mesma forma que as versões originais são para Borges um convite ao jogo de simulações e embustes, pelo qual as reproduções tornam-se degradadas e, por essa razão, desprovidas de autenticidade, os seus biógrafos assim também se comportam, ao construírem versões diferentes sobre fatos da vida do escritor. Maria Esther Vásquez, ao relatar a reação de Borges diante da edição de luxo do conto "O congresso", apresenta versão diferente de Manguel, colocando em cena Silvina Ocampo e o escritor. Segundo a biógrafa, Borges teria presenteado a amiga com o exemplar, por tê-lo considerado pornográfico, após tomar conhecimento de que as ilustrações presentes no livro representavam desenhos escatológicos hindus. A desculpa para se livrar da versão luxuosa e ilustrada do seu conto recai na pouca atração que o autor demonstra pelo tema da sexualidade, escassamente explorada na sua obra. Entre uma caixa de bombons e um convite aos mistérios da sexualidade, o escritor prefere a versão original, guardada de memória e desprovida dos aparatos suplementares e, portanto, invisíveis (VÁSQUEZ, 1977, p. 280).

Interpretações do episódio à parte, o que se constata é a fabulação da vida de Borges realizada por seus amigos, secretários e coautores de uma obra e de uma biografia impossível. Se as versões não coincidem com a original, tal fato decorre de ser desnecessária a reconstituição da cena primária, pois que a poética borgiana se inscreve sob o signo da invenção e da traição às fontes. Os gestos do autor, bem como as suas palavras, são cada vez mais transformados em lenda, justificando-se pelo seu caráter ficcional, pela força de invenção que a literatura exerce perante a realidade.

HISTÓRIAS DE FAMÍLIA NA AMÉRICA

> *Modificar o passado não é modificar um só fato; é anular suas conseqüências, que tendem a ser infinitas. Em outras palavras: é criar duas histórias universais.*
>
> Borges

Duas fábulas de família unem dois escritores latino-americanos: Borges e Autran Dourado. O primeiro, considerado uma das maiores expressões da literatura argentina, lê a tradição histórica do país como suplemento de sua história familiar. O segundo, leitor brasileiro de Borges, tem-se dedicado a narrar, em vários de seus livros, o universo ficcional barroco de Minas Gerais, a partir dos conflitos inerentes à família patriarcal e à configuração intimista e fatalizada de suas personagens. Em ambos os escritores, as fábulas familiares se incorporam e se diluem na ficção, além de constituírem presença constante em seus depoimentos, entrevistas e textos de natureza nitidamente autobiográfica.

Tal procedimento reitera um dos princípios da criação artística, relacionado à invenção de histórias pessoais e de genealogias, assim como à leitura da História como encenação de romances familiares. O espírito de liberdade documental e a criação de fábulas biográficas não só orientam a poética desses autores, como servem de motivo condutor deste texto, que se pauta pela elucidação de parentescos literários existentes nas literaturas da América.

Amplia-se igualmente o campo da análise comparativa, conferindo-lhe um teor biográfico-cultural, convergência que permite a articulação entre textos ficcionais e paraficcionais, com a criação real e imaginária de cenas cujos protagonistas representam dramas pessoais e evocam episódios de família. Desloca-se a noção tradicional de influência, ao serem escolhidos autores que, de forma geral, a tradição literária latino-americana não reconhece como parceiros. Essa proximidade não se circunscreve apenas a analogias de ordem textual e estética; ela engloba componentes de ordem cultural e paratextual. A filiação e o parentesco literários produzidos no interior do universo ficcional desses escritores correspondem à inventiva fabulação do passado, ao esquecimento e às recriações de genealogias familiares, exercícios imaginários praticados tanto por Borges quanto por Autran Dourado.

O fascínio que envolve a invenção de biografias literárias se justifica pela natureza criativa dos procedimentos analíticos, em especial, a articulação entre obra e vida, realizada por meio de associações de ordem metafórica. Consegue-se tornar infinito o exercício ficcional do vasto texto da literatura graças à abertura de portas que a transcendem. A crítica, ao escolher a vertente biográfica como uma das estratégias possíveis de cruzamento com o contexto histórico, descortina o horizonte dessas relações. Os limites provocados pela leitura de natureza textual – cujo foco se reduz à matéria literária – são equacionados em favor do exercício de ficcionalização da crítica, no qual o próprio sujeito teórico se inscreve como ator no discurso.

Esse mecanismo analítico tem como objetivo a produção do saber narrativo, engendrado pela conjunção da teoria e da ficção e pela natureza documental e simbólica do objeto de estudo. A concepção do texto biográfico irá operar, portanto, em torno de dois eixos teóricos: a mimetização e a desconstrução dos modelos canônicos da historiografia literária e da abordagem biográfica tradicional.

Expande-se a rede de conexões, analogias e parentescos entre a ficção e a vida, entre correspondências veladas e inconscientes encontradas na obra de escritores, aparentemente distanciados um do outro. As analogias, ao se inserirem na cadeia metafórica de relações, rompem com a naturalização do processo comparativo (a obra entendida como reflexo da vida) e com o conceito diacrônico e positivista da História. Não se exclui, contudo, a presença de singularidades historicamente marcadas – a posição diferenciada que caracteriza determinado autor em relação à sua criação.

A preferência por um conceito de temporalidade sincrônica implica o jogo circular e espiralado do tempo, no qual o instante presente não só atua como ponto de mediação entre passado e futuro – raciocínio caro ao positivismo – como também se constitui pela força reativadora do olhar diante do passado. A temporalidade, nas palavras de F. Guattari (1992), não representa uma categoria universal e unívoca, mas sim distintos graus de apreensão, particulares e multívocos, o que impulsiona o movimento imaginativo de uma subjetividade polifônica e descentrada.

Vivenciada em sua condição precária, mágica e iluminada, a experiência do presente vale-se da força inconsciente e inusitada do acontecimento, no sentido que lhe confere Deleuze. Segundo o filósofo, desloca-se a questão da origem e do tempo para a superfície do acontecimento presente, já que não se interpreta mais o passado como fundador de sentidos. Procede-se à instauração de outra dimensão espacial e em que o desenho chapado e liso da superfície substitui a descida hermenêutica, voltada para a busca da profundidade e do significado "escondido" nas camadas espácio-temporais dos textos (DELEUZE, 1974).

A temporalidade, entendida como contrapartida da espacialidade, constitui uma das categorias capazes de motivar a reflexão sobre a estreita vinculação entre literatura e cultura, entre a nebulosa aproximação ou distância entre territórios geográficos ou a concepção do tempo cronológico como empecilho para várias associações entre os autores. A convivência literária entre o Brasil e a Argentina permanece ainda bastante distanciada, o que permite ponderar sobre os possíveis elos existentes entre Borges e Autran Dourado, a partir da utilização de elementos que transcendem o universo literário *tout court*.

A LETRA E O NOME

❀ ❀ ❀

O episódio escolhido para o relato dessas histórias fabulosas é o encontro de Autran Dourado com Borges, em São Paulo, em 1970, ocasião em que o escritor argentino foi agraciado com o "Prêmio Interamericano de Literatura Matarazzo Sobrinho". A história do encontro é descrita em depoimento, prestado por Autran Dourado, em 1979, na Biblioteca Mário de Andrade, e posteriormente incluído no livro *Novelas de aprendizado* com o título "Começo de aprendizado" (DOURADO, 1980). No texto, o autor menciona ainda outra versão de sua conversa com Borges, contada pelo escritor francês André Coyné, e publicada na Revista *Exil.* Presente no almoço oferecido a Borges em São Paulo, o espectador estrangeiro reproduz em francês o diálogo entre os dois autores, fornecendo mais dados sobre o fato.

Quando me interessei em escrever sobre esse encontro literário, solicitei a Autran Dourado mais informações, que me foram gentilmente concedidas. Além do envio, em 1991, de uma carta em que relembra de outros detalhes da cena, foi-me sugerida a leitura do conto de Augusto Meyer (1973) "Uma ou duas cabeças", no qual é enfocada a figura de Ângelo Dourado, avô do escritor e participante da "bandeira" de Gomercindo Saraiva na Revolução Federalista de 1893, da qual fazia parte Aparicio. Ele anexou ainda o fragmento do artigo de André Coyné, publicado na citada revista *Exil*.

Com o humor que lhe é peculiar, Autran Dourado constrói nova versão do episódio, ao relatá-lo na carta, principalmente por se tratar de um texto escrito no momento em que se encontrava mais distanciado do fato. Reveste-se ainda de certa curiosidade a repetição de sua frase endereçada a Borges no final do diálogo, tal como Coyné assim a traduziu:

> Talvez tenhamos sido o mesmo homem. Ou talvez meu avô e o seu só tenham lutado então, para que nós pudéssemos, seus descendentes, nos encontrar hoje.[1]

Dois aspectos poderão ser sublinhados na passagem: a distância do autor em relação ao discurso, ao repetir, na carta, a resposta em língua francesa, e o clima de estranhamento observado durante a conversa entre Borges e Dourado. Diante de três versões do diálogo mantido entre os escritores – o depoimento de Autran Dourado de 1979, o artigo do escritor francês e a carta a mim enviada – consegue-se delinear alguns parâmetros interpretativos. O olhar duplo sobre o acontecimento reitera também as impressões diferentes que cada um revela sobre a cena, considerando-se o ponto de vista francês, que presencia e registra o encontro, e o olhar brasileiro, que reescreve as suas versões ao lado de outras.

Motivado por uma intenção de ordem histórica – pelo menos no nível mais aparente do diálogo –

---

[1] *"Peut-être avons nous été le même homme. Ou peut-être mon grand-père et le vôtre ne se sont battus alors que pour que nous puissons-nous, leurs descendants, nous rencontrer aujourd'hui."* Tradução da autora.

Autran Dourado tenta se aproximar de Borges pela via indireta da figura do caudilho uruguaio Aparicio Saraiva, cujas proezas foram descritas por seu avô Ângelo Dourado, no livro *Voluntários do martírio*. O sobrenome *Saraiva*, grafado *Saravia* no conto de Borges "A outra morte", é o motivo condutor da discussão entre os autores, principalmente por ter o escritor argentino afirmado, de forma categórica, que não se tratava da mesma pessoa:

> Perguntando uma vez a Borges, em São Paulo, quando fui lhe apresentado, se o seu caudilho era o mesmo herói do livro do meu avô, o consagrado escritor argentino fez uma tal fantástica confusão, recorreu a livros e situações hbistóricas (não sei se falsas ou não, se inventadas ou não), que eu acreditei estar vivendo uma das páginas de *Ficciones*. (DOURADO, 1980, p. 10)

O avô Ângelo Dourado, médico e escriba da Revolução Federalista de 1893, exilou-se no Uruguai devido à sua posição contrária à política do então presidente Floriano Peixoto, tendo se integrado ao Exército Libertador que invadiu o Brasil na "bandera" de Gomercindo e de seu irmão Aparicio Saraiva. Escrito durante a batalha sob a forma de cartas endereçadas à sua mulher e dirigidas a um destinatário particular, *Os voluntários do martírio* reúne as narrativas histórica e familiar. Ângelo Dourado encarnava o retrato heróico da família ao condensar duas ordens simbólicas distintas: as armas e as letras. Aos olhos do neto-escritor, a figura e, coincidentemente, as iniciais do nome Ângelo Dourado recebem valor inestimável, pois o escritor brasileiro se considera herdeiro da tradição familiar representada pelo avô.

Na carta a mim dirigida em 1991, Autran Dourado recupera o clima borgiano da conversa, além de acrescentar pontos que esclarecem a posição assumida pelos escritores na disputa. A nova versão presentifica o confronto entre a história e a literatura e aguça o caráter competitivo do embate verbal. Ao se situar na posição de vencedor, por terem sido provadas a identidade de Saraiva e a sua participação na Revolução Federalista, o autor de *Ópera dos mortos* não abandona a hipótese de estar Borges exercitando mais uma de suas estratégias fabulares, mostrando-se, como sempre, motivado por atitudes que reforçam o esquecimento e o embaralhamento das fontes.

Embora reconhecesse o teor borgiano da discussão, Autran Dourado esteve exposto a um confronto público no qual se cruzavam "verdades" históricas de família e ficções dramatizadas pelos dois escritores. No relato epistolar, Autran se considera o vencedor da disputa, ainda que o clima estivesse completamente contaminado pela fabulação de Borges:

> Aqui vai cópia da matéria que o escritor André Coyné publicou na Revista *Exil*, automne/hiver, 1975, sobre a conversação que tivemos, Borges e eu, em São Paulo. A história é mais longa e mais interessante, inteiramente borgiana, uma disputa em que eu acabei vencendo. (DOURADO, 1991, p. 1)

O teor da carta conserva o efeito fantástico e ganha em narratividade e humor, ao recuperar, pela disputa verbal, o traço bélico das ações do avô e dos antepassados de Borges. Diante do impasse da verdadeira grafia de Saraiva, Autran lança a hipótese de ter sido provável que os hispânicos não soubessem pronunciar *Saraiva* e dissessem *Saravia*. A réplica de Borges, uma "sonora gargalhada", pôs seu contendor em uma situação ridícula perante os demais presentes ao almoço. Autran utiliza-se, em seguida, do recurso livresco ao solicitar, ao dono da casa em que estavam a consulta a uma enciclopédia argentina. Borges então revida, por meio de um gesto arrogante e superior: "O escritor argentino mandava que lessem alto o verbete, acredito que, usando de uma metáfora, para me ferir com a sua espada" (DOURADO, 1991, p. 2).

De forma simbólica, a batalha de 1893 é reencenada verbalmente na atuação de novos protagonistas que simulam histórias passadas e rememoram oralmente a fábula. O caráter imprevisível e a estratégia do esquecimento são ingredientes utilizados na reconstituição de histórias pessoais ou coletivas: por um deslocamento da letra *i* do nome *Saraiva* – *Saravia*, compromete-se a identidade da personagem histórica, desfazendo-se o elo com o passado político vivido pelos personagens da história latino-americana.

A Borges o que é de Borges

Ao sair vitorioso da disputa, graças à legitimação da verdade documental confirmada pelo verbete da enciclopédia, Autran Dourado percebe a dupla face do encontro, bem como o caráter paradoxal da contenda. Permanece o sentimento de dívida quanto aos gestos humanos, sempre à mercê do acaso. Esse é um dos principais temas da literatura exercida por ambos os escritores e se filia à desconstrução do esquema de pensamento maniqueísta, pautado pela suspeita sobre o lugar dos vencedores e dos vencidos, da coragem e da covardia, do destino e do livre arbítrio.

Curiosamente, o fato real poderia ter afastado dois autores, duas literaturas, duas histórias de família, uma vez que a ficção de ambos não se orienta apenas pelo valor conferido ao documental, nutrindo-se de burlas e de falsidades. Em contrapartida, a aproximação entre os escritores realiza-se graças a um traço aparentemente sem importância — o deslocamento de uma vogal no nome da personagem em jogo —, o que reforça a atração borgiana pelos pequenos acontecimentos, os quais, podendo ser trocados de lugar, adquirem rica e inesperada significação.

A presença da enciclopédia reforça, por outro lado, o seu papel ambivalente desempenhado na obra de Borges, ao servir tanto como modelo formal de construção de saberes quanto como forma de sedução, pela prática astuciosa do esquecimento desse saber. Ao interpretar a enciclopédia como configuração de conhecimentos múltiplos e fragmentados, o escritor argentino desconstrói a ideia de livro como documento verídico e lugar fixo da memória, ao se apropriar irônica e livremente do sentido dos verbetes. Compreende-se, enfim, por que *Saraiva* pode embaralhar *Saravia* e provocar discussões de âmbito literário e internacional.

Ao interpretar esse encontro histórico segundo as regras que movem o universo poético borgiano, Autran Dourado devolve a Borges o que é de Borges: a força do destino, a fórmula repetitiva dos encontros literários e a magia do instante como componentes do devir infinito e do engendramento contínuo de narrativas. O tema desse enredo biográfico-literário remete ainda aos jogos de duplos e de identidades simuladas, uma vez que personagens são lidas por meio do reflexo invertido no espelho, antepassados se cruzam na simultânea recriação do passado no presente e os escritores reinventam tramas de família:

> Na enciclopédia estava que Aparicio Saravia lutara com o irmão Gomercindo na guerra civil terrível que foi a Revolução Federalista de 1893. Mas foi então que André Coyné escreveu: "Peut-être avons-nous été le même homme. Ou peut-être mon grand-père et le vôtre ne se sont battus alors que pour que nous puissons-nous, leurs descendants, nous rencontrer aujourd'hui." Todos riram meio sem graça, pois o pequeno Davi acertara com uma pedra de sua funda ao gigante Golias, como diz a Bíblia. Como eu não estava para literatura naquela hora mas apenas querendo saber uma verdade,

> levantei o copo de uísque e saudei o escritor argentino, cantando a minha vitória – "Ora viva o amendoim". Eles não conseguiram traduzir para ele o verso do Drummond que eu dissera. Ou é do Bandeira? (DOURADO, 1991, p. 2)

Nesse trecho, a postura de Autran Dourado revela-se duplamente histriônica e séria. O teor da frase dita em francês reitera a ideia da História como destino, que, em Borges, se pauta pela infinita reencenação de momentos passados, bem como pelo caráter fabuloso e identitário do encontro entre eles. A falácia e a invenção desses momentos dependem da ilusão nascida do sonho de cada um e de sua imaginária realização no instante fugidio e precário do presente. De forma mágica, duas histórias se enlaçam numa só, e a força da imaginação se mescla à representação do real.

A MORTE E O SONHO HEROICO

Em "A outra morte", conto no qual a figura do avô de Borges Isidoro Acevedo serviu de inspiração criadora e no qual Pedro Damián, "aos dezenove ou vinte anos, seguira as bandeiras de Aparicio Saravia" (BORGES, 1999, p. 635), o autor recria a morte pretensamente heroica da personagem, motivada pela febre e pelo sonho. No poema dedicado ao avô, intitulado "Isidoro Acevedo", a fábula familiar ilustra a concepção borgiana do tempo e da história nacional, bem como reforça o valor ficcional das versões sobre os antepassados:

> Quando uma congestão pulmonar o estava arruinando / e a febre inventiva falseou-lhe a face do dia, / reuniu os documentos ardentes da memória / para forjar seu sonho. [...] juntou um exército de sombras portenhas para que o matassem. / Assim, no quarto que dava para o jardim / morreu num sonho pela pátria. (BORGES, 1999a, p. 87-88)

Convertida em clímax vital, em ato mágico e sonho heroico, a morte representa a tranquila aceitação do inevitável, além do intolerável abandono do cenário mundano. Nos textos borgianos, a morte individual, ao se contrapor à visão desumanizada da História, introduz paradoxalmente a palpitação e a efervescência vital. A morte de Damián, personagem de "A outra morte", é narrada de forma trivial e se transforma em ato glorioso no qual são esquecidos os antigos atos de covardia, uma vez que é a *veracidade falsa* das versões que monta o enredo. Vinculada ao tempo e à memória, a temática da morte constitui um dos eixos estruturantes da literatura de Borges. Maryse Renaud, no artigo "La muerte en la obra de Jorge Luis Borges: una fascinada vindicación de lo pasional", interpreta a romantização da morte como forma de celebração da vida:

> No meio da assepsia das construções mentais vibram as últimas manifestações de uma vida corporal, violenta e tenaz, que resiste retirar-se. Porque romancear a morte é equivalente, de fato, a celebrar a vida, a exaltar as forças primitivas, atávicas, irracionais que justificam um destino. Qualquer que seja a estratégia do indivíduo diante da morte, seja esta culminação vital, ato mágico, sonho heróico ou nostálgica retirada, todas as ficções borgianas coincidem em destacar a feroz e casta beleza da vida que vai embora. (RENAUD, 1993, p. 146)

O "romance familiar" de Autran Dourado está parcialmente reconstruído no conto "O meritíssimo juiz", incluído no livro *Violetas e caracóis* (1987). Ao empregar os usuais procedimentos de sua poética, o autor reitera o caráter de verossimilhança do texto e articula de forma lúdica o dado documental e a ficção. Narra façanhas do avô, reproduz trechos do livro *Voluntários do martírio*, com o jogo inventivo de nomes e a condensação de traços de várias personagens históricas. Concentra na figura do juiz Saturnino Bezerra, filho de Aquiles Alves Bezerra, o sentimento ambivalente de orgulho e de incapacidade de conviver com o antepassado ilustre. Ângelo Dourado é citado como um dos participantes da Revolução Federalista de 1893, ao lado de Aquiles Alves Bezerra, que representa, no conto, a figura do avô:

> Numa ânsia sôfrega, procurava trazer do coração à consciência, da treva à luz, a figura do velho dr. Aquiles Alves Bezerra, escritor e advogado em Bajé, que aderiu à coluna heróica de Gumercindo Saraiva, que se fez general (posto conquistado no fragor das batalhas, porque na verdade, quando começou a guerra civil, Gumercindo era apenas tenente-coronel da Guarda Nacional), lutando na guerrilha ao lado do dr. Ângelo Dourado, coronel do Exército Libertador e autor de *Os voluntários do martírio,* diário das heróicas jornadas da bandeira de Gumercindo. (DOURADO, 1987, p. 92)

Como Borges em "A outra morte", Autran Dourado mescla atos políticos do presente com os do passado, rompendo a continuidade linear da história e conferindo à ficção o direito de se libertar dos limites temporais. O dilema entre os valores morais, tais como a coragem e a covardia, resulta de versões criadas tanto pela comunidade quanto pelo olhar subjetivo das personagens. Da mesma forma que Isidoro Acevedo, avô de Borges, que "morreu num sonho pela pátria", o dr. Saturnino Bezerra, personagem que condensa as imagens do pai de Autran Dourado e de si próprio, realiza fantasmaticamente o desejo de ter sido o espelho de coragem e de heroísmo paternos. As contradições vividas por ele, a criação de uma *persona* pública, assim como a simpatia pela ordem e pelas autoridades são desmascaradas quando é preso e as suas gavetas – detentoras de segredos e de revelações de sua pessoa e de seu pai – são abertas. Se o heroísmo paterno fora reconhecido por ter lutado para derrubar um governo, a ausência desse heroísmo do filho se explica por ter sido preso pelo "motivo contrário". A conflituosa e irônica relação entre coragem e covardia, pessoa e *persona*, conduz ao impasse vital e reconcilia o sujeito com uma identidade conseguida graças ao jogo da ficção e da verdade:

> À sua maneira, o dr. Saturnino Bezerra tinha sido como o pai. Foi o que reconheceu quando, magro e abatido, ele regressou da prisão, restituído que foi ao seu cargo e lugar. (DOURADO, 1987, p. 116)

O traço irônico do destino e a semelhança da personagem com as ações realizadas pelas figuras borgianas apontam traços comuns presentes na narrativa ficcional (e familiar) dos escritores em estudo. Configura-se o lugar de Autran Dourado como parceiro da ficção de Borges quando apresentam a mesma visão dramatizada e irônica dos acontecimentos históricos. Essa visão, próxima do conceito barroco da História, se realiza por meio de um cenário fragmentado e em ruínas, povoado de atores que, ao representarem papéis, repetem interminavelmente alegorias da morte e da vida.

Com base na comparação entre o componente factual da vida e da ficção de Borges e de Autran Dourado, verifica-se a existência de aproximações paraliterárias que concorrem para a criação de analogias de ordem ficcional. O avô de Dourado – escriba e combatente da "bandera" de Gomercindo Saraiva – compartilha do universo fabular de Borges, assim como da história familiar e ficcional do escritor mineiro. Pela mediação familiar, constrói-se fabularmente o parentesco no âmbito da ficção e da História entre dois representantes da literatura da América Latina. A inclusão da poética autraniana em determinada linhagem literária do continente se impõe não apenas pelas peripécias políticas narradas pelo avô e reconstruída pelo escritor argentino, como também pela posição de Dourado como leitor de Borges.

O encontro em São Paulo, em 1970, ocorrido aproximadamente um século após a Revolução Federalista de 1893, inscreve-se como prosseguimento da narrativa do avô Ângelo Dourado pelo neto-escritor Autran Dourado. Reescrita que revitaliza a assinatura do texto familiar, tornando possível a sua inclusão no universo espiralado e constelar da literatura e da História. Narrativa cuja trama é infinita, como sempre a concebeu Borges (1985d, p. 93):

> Há um fim na trama? Schopenhauer a acreditava tão insensata como as caras ou os leões que vemos na configuração de uma nuvem. Há um fim da trama? Esse fim não pode ser ético, já que a ética é uma ilusão dos homens, não das inescrutáveis divindades.[1]

Portanto, a construção biográfica desse encontro permite estabelecer associações entre literaturas que trazem um solo comum de investigação e que acenam para o possível ponto de confluência ficcional e estética. Acreditar no empenho da crítica biográfica como forma de abertura e reconhecimento de elos culturais desconhecidos é uma das tarefas a que se propõe este texto. Inventar narrativas teóricas, destacar enredos ficcionais e mesclar documentos com ficção contribuem para que se tenha uma compreensão mais lúcida da história da literatura e das ideias deste tão complexo continente latino-americano.

---

[1] "*Hay un fin en la trama? Schopenhauer la creía tan insensata como las caras o los leones que vemos en la configuración de una nube. "Hay un fin de la trama? Ese fin no puede ser ético, ya que la ética es una ilusión de los hombres, no de las inescrutables divindades.*" Tradução da autora.

GENEBRA, 14 DE JUNHO DE 1986

Sei que sempre voltarei a Genebra,
talvez depois da morte do corpo.

Borges

Em seu livro de viagens ao redor do mundo, intitulado *Atlas*, Borges dedica uma página à descrição e ao comentário do hotel *L'Hôtel*, situado no Quartier Latin, em Paris. Nesse lugar, precisamente no início do século XX, Oscar Wilde, de modo quase anônimo, encontrou a morte. A fotografia do hotel lembra a estrutura labiríntica e em espiral de sua construção, produzindo um efeito de perspectiva caro à poética borgiana. No fundo e ao centro da fotografia, a imagem que reproduz a sala de espera do hotel é o desenho de uma estrela de várias pontas, remetendo a múltiplos símbolos: um olho, um aleph, um ponto no círculo.

No texto que acompanha a fotografia, Borges refere-se à restauração do prédio e à impossibilidade, após a morte do escritor, de existirem ali dois quartos iguais. A explicação para o caráter assimétrico da estrutura arquitetônica do hotel é justificada por sua analogia com a poética de Oscar Wilde, marcada por um profundo ódio ao realismo. Com tal argumento,

Borges concluiu que a restauração desse lugar literário não teve a assinatura de um arquiteto, mas deveu-se à inspiração de Oscar Wilde, como se fosse a encarnação de sua obra póstuma. Esta seria a forma borgiana de interpretar a inserção do escritor nos trabalhos futuros da reforma do hotel:

> Wilde escreve que o homem, em cada instante de sua vida, é tudo o que já foi e tudo o que virá a ser. Neste caso, o Wilde dos anos prósperos e da literatura feliz já era o Wilde do cárcere, que era também o de Oxford e de Atenas e aquele que morreria em 1900, de um modo quase anônimo, no *Hôtel d'Alsace*, do Bairro Latino. Esse hotel é hoje o hotel *L'Hôtel*, onde ninguém pode encontrar dois quartos iguais. Poderia se dizer que o lavrou um entalhador, e não que o desenharam arquitetos ou que foi levantado por pedreiros. Wilde odiava o realismo: os peregrinos que visitam este santuário aprovam que tenha sido recriado como se fosse uma obra póstuma da imaginação de Oscar Wilde.[1] (BORGES, 1984b, p. 68)

Duas constatações podem ser extraídas desse fragmento: a primeira, referente à fetichização dos lugares, ao culto de um espaço transformado em espaço simbólico. Revisto e recriado pelo viés da ficção, o hotel é visto como propriedade de Oscar Wilde, considerando-se que a sua morte no local serve para

---

[1] *"Wilde escribe que el hombre, en cada instante de su vida, es todo lo que ha sido y todo lo que será. En tal caso, el Wilde de los años prósperos y de la literatura feliz ya era el Wilde de la cárcel, que era también el de Oxford y de Atenas y el que moriría en 1900, de un modo casi anónimo, en el Hôtel d'Alsace, del Barrio Latino. Ese hotel es ahora el hotel L'Hôtel, donde nadie puede encontrar dos habitaciones iguales. Diríase que lo labró un ebanista, no que lo diseñarion arquitectos o que fue levantado por albañiles. Wilde odiaba el realismo: los peregrinos que visitan este santuario aprueban que haya sido recreado como si fuera una obra póstuma de la imaginación de Oscar Wilde."* Tradução de Graciela Ravetti.

mitificá-lo e sacralizá-lo. O hotel se autorreferencializa, duplicando seu nome (*L'Hôtel*) com a conversão do nome comum em nome próprio. A intransitividade e a reduplicação do nome o transportam ainda para o âmbito simbólico e "sagrado" da ficção, pela vivência simultânea e atemporal do momento aí experimentado pelo escritor, no seu encontro imaginário com o autor do *Retrato de Dorian Gray*. "Wilde escreve que o homem, em cada instante de sua vida, é tudo o que foi e tudo o que virá a ser".

A segunda constatação diz respeito à morte do escritor. Esse fato coincide com a série de transformações próprias do século XX, entre elas a que se refere à figura do autor, não mais cultuada em sua excentricidade, porém submetida à perda da aura e ao desaparecimento. O retorno do autor na contemporaneidade – rosto que reaparece na areia do universo pós-foucaultiano – não foi obra do acaso, por traduzir a retomada e a reviravolta na própria concepção do conceito de autoria. A morte de Wilde num hotel não tem o mesmo significado que sua vida – tão escandalosamente exposta, considerando-se os valores morais da época – na qual a exaltação da personalidade autoral lhe valeu escândalos, a infâmia e o cárcere. Na morte, a presença fulgurante do escritor se diluiu na apagada imagem de um mero hóspede de um hotel até então desconhecido do Quartier Latin.

Decorrido quase um século do ato final da vida de Wilde, a visita de Borges a esse lugar reitera o seu fascínio pela convivência imaginária com os autores de sua preferência, componente indispensável para o conhecimento da bio-bibliografia do escritor. Com a aproximação deste fim de milênio, a evocação da imagem de Oscar Wilde tem como irônica metáfora a morte e a revitalização de um dos autores que mais souberam reunir a poética mundana com a estilização decorativa dos anos 1800. O conceito de literatura em Borges recupera a estética da existência wildiana, através da qual a ficção cria realidades e a vida imita a arte. Encontros ficcionais e amizades literárias formam redes e possibilitam o diálogo entre vozes no espaço aberto da ficção:

> Uma crítica técnica de Wilde torna-se para mim impossível. Pensar nele é pensar num amigo íntimo, que não vimos nunca mas cuja voz conhecemos, e que sentimos, a cada dia, a sua falta.[2] (BORGES, 1984b, p. 69)

Nos últimos meses de vida, doente e à espera da morte, Borges decide voltar à Genebra de sua juventude, optando pela eleição de um lugar que talvez mantivesse algum laço com o sentimento de pátria, espaço que será emblematicamente o seu eterno exílio. Enquanto procurava um imóvel para se instalar na cidade velha, que lhe concederia mais proximidade com o passado, hospeda-se com María Kodama em um hotel nessa região, chamado *L'Arbalète*. Em entrevista à *Folha de S. Paulo*, em 19 de maio de 1996, Kodama relata a associação feita pelo escritor entre o hotel em Genebra e o *L'Hôtel* de Paris. A referência a esse lugar simbólico permitiu a Borges convencer o proprietário da casa de que sua morte poderia proporcionar-lhe benefícios materiais, por se tratar de um escritor que se transformara, ao longo do tempo, em "uma velha superstição". Ao

---

[2] "*Una crítica técnica de Wilde me resulta imposible. Pensar en él es pensar en un amigo íntimo, que no hemos visto nunca pero cuya voz conocemos, y que extrañamos cada día.*" Tradução de Graciela Ravetti.

escolher um quarto de hotel para reencenar o gesto de seu precursor Oscar Wilde, estaria cumprindo, ao pé da letra, esse destino literário. De forma irônica, interpreta a morte como ato literário que se repete, assim como o caráter ficcional da própria vida:

> Sabe, eu, para os argentinos, sou como uma velha superstição. E o senhor sabe que em Paris há um hotel, que se chama "*L'Hôtel*", onde morreu Oscar Wilde. Hoje todo mundo quer dormir no quarto em que Wilde morreu. Então isso vai acontecer comigo, de modo que o sr. pode passar a cobrar mais.[3] (KODAMA, 1996, p. 1)

Marcado fortemente pela diluição do sujeito-autor na cena enunciativa, a criação ficcional borgiana se inscreve como jogo de máscaras e de embustes, jogo que irá participar da invenção da realidade. Tal posição lhe confere tons de dramaticidade, entendida no sentido que lhe atribui Brecht e Barthes – o distanciamento e a autorreflexividade. De maneira simbiótica, a morte "real" de Borges vem selar o caráter duplo da existência e da ficção, superfícies textuais nas quais a morte simbólica é de várias maneiras dramatizada. Nas palavras de Raul Antelo, no artigo "O morto não requer atenções", em Borges, haveria a produção da biografia como jogo, em que a segunda versão transforma a primeira, ao mesmo tempo que sente ser esta superior à segunda, passando, assim, a odiar aquilo que ama. São essas as razões pelas quais se explicam as contradições vividas pelo escritor, ao repetir as ações que lhe dão prazer ou aquelas que representam o seu avesso:

---

[3] Nas palavras de Luis Bilbao (1986), Borges, "como o Tenente Henry de *Adeus às armas*, foi viver com sua amada num hotel da Suíça". A ficção e seus modelos sempre acompanhando os atos do escritor.

Jorge Luis Borges tramou, assim, sua própria biografia como um jogo sutil, paradoxal e complementário, de atrações e de recusas. Definido unanimemente como padrão do escritor latino-americano cosmopolita, não conseguiu, porém, apagar os traços locais que sempre ressurgem transparentes. São, precisamente, fragmentos dessa história provinciana os que iluminam o episódio de sua morte.

Borges morre na Europa, como Rosas, como San Martín. Rosas, don Juan Manuel, seu ídolo dos anos 20, mais tarde execrado. A rigor, Borges põe em prática uma sorte de pierremenardismo histórico, mimetizando aquilo que dizia odiar. Ao casar-se com a discípula e decidir viver na Europa, Borges produziu um simulacro do seu reverso e anti-mito: Perón. Podemos, então, ler os precursores – Rosas, San Martín, Perón – à luz de Borges. Sua morte modifica nossa concepção do passado como há de modificar o futuro. (ANTELO, 1986, p. 12)

Para que se possa melhor entender o relacionamento entre autoria e morte, nascimento e suicídio, original e cópia, ficção e realidade, faz-se necessário associá-lo ao tema do duplo que perpassa toda a obra borgiana. Três momentos da vida e da escrita do autor argentino se imbricam na construção de uma temática responsável pelo estabelecimento de elos metafóricos entre fato e ficção: o conto "O outro", de 1975, que abre *O livro de areia*; o texto de 1976, intitulado "Venticinco agosto, 1983"; e o dado biográfico referente à tentativa de suicídio do escritor (SOUZA, 1996, p. 15-21).

---

[4] *"En cualquier momento puedo morir, puedo perderme en lo que no sé y sigo soñando con el doble. El fatigado tema que me dieron los espejos y Stevenson"*. Tradução de Graciela Ravetti. Este conto, segundo Monegal (1987, p. 457), foi escrito em 1976 e publicado no jornal *La Nación*, em 17 de março de 1983. Uma publicação anterior havia sido feita em italiano, em 1977, num volume homônimo da *Biblioteca de Babel*.

No conto "O outro", em cenário montado na Nova Inglaterra, na cidade americana de Cambridge, o narrador Borges, aos 75 anos de idade, dialoga à beira do rio Charles com o jovem Borges de 35 anos. O tema do duplo motiva a interlocução entre as personagens, compondo-se os traços significativos do retrato do escritor. Configurado por meio da construção narrativa que envolve duas pessoas em diálogo, a imagem de Borges se reduplica no jogo de espelhismos e de genealogias, integrando-se à linhagem de Poe e de Stevenson, os autores que mais exploraram, no século XIX, o procedimento fantasmático do duplo na literatura.

A presença do jovem Borges nesse conto – sintomaticamente com a mesma idade com que tentou o suicídio – é motivada pela conjunção das águas temporais do rio Charles com as do Ródano e pela condensação espaço-temporal de Cambridge e Genebra. Cidade de sua juventude, lugar mítico onde nasce para várias línguas e para a literatura, Genebra será também o local escolhido para se morrer. Borges, na condição de escritor e personagem, explora a figura do duplo como expressão literária que remete para a ruína do conceito pleno da identidade e para a relativização da propriedade autoral. É essa uma das leituras possíveis desse tema, que nos dias atuais ultrapassa a categoria rarefeita do duplo e se expande em múltiplas imagens, incontroláveis e dispersas. O duplo, procedimento narrativo tão bem realizado pela literatura fantástica, policial e dostoievskiana do século XIX e que a psicanálise, com Freud e Otto Rank, transformou em conceito, atua em Borges como marca desse tempo. Mas será a partir do avanço incessante dos jogos narrativos que o escritor argentino pôde lançar, para o final do século XX, o alerta quanto à limitação do conceito, considerando-se serem hoje multiplicadores os efeitos criados por essa imagem: "O repetido tema que me deram os espelhos e Stevenson". Não se trata mais de inventar o jogo entre o eu e o outro, o escondido e o revelado, o fora e o dentro, o rosto e a máscara. Dr. Jekill é o Mr. Hyde.

Em "Veinticinco agosto, 1983", a personagem de Borges – suicida, então com 84 anos, mantém um diálogo com o outro Borges, exatamente um dia após a data em que este completa 61 anos. O encontro/desencontro não se realiza no banco em frente ao rio Charles, mas no hotel *Las Delícias*, em Adrogué, onde a família do escritor costumava passar as férias. A presentificação do encontro imaginário de Borges com o mesmo e o outro num lugar considerado importante como registro do vivido e da memória – e não mais existente na vida real – é simulada pelo recurso ficcional em que se articulam livremente tempos simultâneos e sobreposições espaciais. Deslocam-se datas, condensam-se espaços, no momento em que fisionomias enrugadas e gestos moribundos acenam para o futuro da personagem mais nova, dividida e retratada no espelho do mesmo, que é o outro.

A encenação do duplo é realizada com maior dose de dramaticidade do que em "O outro", embora persistam o caráter de representação e o apelo do narrador à metalinguagem e ao papel da ficção como metáfora do destino. A lição de Stevenson e dos espelhos – conjunção da literatura com o objeto reduplicador – é responsável pela vivência quixotesca da personagem, embora esta esteja ciente de que o duplo se configure como máscara e citação:

> Em qualquer momento posso morrer, posso me perder no que não sei e sigo sonhando com o duplo. O

repetido tema que me deram os espelhos e Steven-son.[4] (BORGES, 1985e)

A fatalidade literária do suicídio e a repetição de versões que sempre exaurem o tema são indicadas, no conto, ainda pelo caminho de Virgílio, no momento em que Borges fazia uma conferência sobre o *Livro VI da Eneida*. Ao escandir um hexâmetro da epopéia, o escritor-personagem é levado a tomar a decisão fatal. A estetização do ato reforça o pacto do escritor com o destino literário – a morte anunciada pela via da ficção – por meio da recitação dos versos latinos. A revelação do suicídio não assume proporções trágicas, conside-rando-se que o teor citacional da decisão transforma o sujeito em ator no discurso da ficção, delegando à re-petição o esvaziamento irônico. O que persiste é o va-ticínio do suicida quanto ao destino de seu duplo:

> Minha morte será a sua, você receberá a brusca revelação, no meio do latim e de Virgílio e já terá esquecido total-mente este curioso diálogo profético, que transcorre em dois tempos e em dois lugares.[5] (BORGES, 1985e, p. 17)

Em outra passagem do texto, o velho Borges an-tecipa ao "sósia" a publicação, em 1979, das *Obras completas* escritas em colaboração. Para o autor, o vo-lume apresenta-se ironicamente, de modo fragmen-tário e incompleto, comprovando-se a relação ficcional criada entre a vida e a obra do escritor. A vida como um livro encadernado revela-se em sua natureza de rascunho e citação. A obra completa, asso-ciada à ideia de fechamento e de completude, tanto da

---

[5] "*Mi muerte será la tuya, recibirás la brusca revelación, en medio del latin y de Virgilio y ya habrás olvidado enteramente este curioso diálogo profé-tico, que transcurre en dos tiempos y en dos lugares.*" Tradução de Graciela Ravetti.

vida quanto da ficção, se contrapõe à proposta estética de Borges, o artífice de imagens em esboço, o simpatizante de sombras e de simulacros. O que prevalece no volume, labiríntico e sem arremate final, são as falsas identidades e os paraísos perdidos.

> – Você escreverá o livro com que sonhamos tanto tempo. Perto de 1979 você compreenderá que sua suposta obra não é nada mais do que uma série de rascunhos, de rascunhos miscelâneos, e você cederá à fútil e supersticiosa tentação de escrever seu grande livro. A superstição que nos infligiu o *Fausto* de Goethe, *Salammbô*, ou *Ulisses*. [...] Compreendi que era uma obra prima no sentido mais perturbador da palavra. Minhas boas intenções não haviam passado das primeiras páginas; nas outras estavam os labirintos, as facas, o homem que acredita ser uma imagem, o reflexo que se acredita verdadeiro, o tigre das noites, as batalhas que voltam no sangue, Juan Muraña cego e fatal, a voz de Macedonio, a nave feita com as unhas dos mortos, o inglês antigo repetido nas tardes.[6] (BORGES, 1985e, p. 15)

Segundo Emir Monegal, a tentativa de suicídio de Borges se realiza no hotel *Las Delícias*, em Adrogué (o lugar é recorrente), em 1934, data em que completaria 35 anos. O escritor, "nel mezzo del cammin

---

[6] *"– Escribirás el libro con el que hemos soñado tanto tiempo. Hacia 1979 comprenderás que tu supuesta obra no es otra cosa que una serie de borradores, de borradores misceláneos, y cederás a la vana y supersticiosa tentación de escribir tu gran libro. La superstición que nos ha infligido el Fausto de Goethe, Salammbô, el Ulisses. [...] Comprendí que era una obra maestra en el sentido más abrumador de la palabra. Mis buenas intenciones no habían pasado de las primeras páginas; en las otras estaban los laberintos, los cuchillos, el hombre que se cree una imagen, el reflejo que se cree verdadero, el tigre de las noches, las batallas que vuelven en la sangre, Juan Muraña ciego y fatal, la voz de Macedonio, la nave hecha con las uñas de los muertos, el inglés antiguo repetido en las tardes."* Tradução de Graciela Ravetti.

di nostra vita", decide suicidar-se e prepara-se para o ato, comprando um revólver na rua Entre Ríos e *El misterio de la cruz egipcia*, romance de Ellery Queen já lido por ele. Munido desses apetrechos, dirige-se à estação Constitución e compra apenas a passagem de ida para Adrogué. Ao chegar, instala-se no quarto número 19, no mesmo lugar onde a personagem Borges irá se encontrar com o outro, no conto "Veinticinco agosto, 1983", para que pudesse dar fim à vida. O gesto não se consome na vida real, embora ressurja em vários contos, deslocada e fantasmaticamente, através do processo de alegorização da morte pelo ato ficcional (MONEGAL, 1987, p. 251-252).

A encenação do suicídio reitera a atitude histriônica do escritor diante da vida e atua como cenário do texto, que, mais tarde, será escrito. Como lugar destinado para morrer, recai a escolha num quarto de hotel, espaço transitório, neutro e não-familiar. A compra da passagem de ida para Adrogué antecipa a última viagem de Borges, sem retorno para lugar algum, nem mesmo o país natal. Morrer em Genebra repete antigos acontecimentos, cita Oscar Wilde e recita o próprio Borges, ao reeditar o enredo de um texto pessoal e anônimo. Em virtude do cruzamento de citações livrescas e de fatos reais, a repetição obsessiva de motivos permite a revitalização ficcional de desejos e de sentimentos recalcados. Não seria o movimento reiterativo da citação um dos artifícios capazes de matar e reviver a palavra pronunciada, o gesto ensaiado e a escrita de segunda mão?

Na condensação de realidade e fantasia, optar pela morte no dia do aniversário – 24 de agosto, ou no dia seguinte – não remeteria à simulação do ato de nascer? Ensaiando a própria morte e a relendo como paródia, transgressão e burla, não estaria Borges, de certa maneira, reivindicando o direito de autoria para a existência? A segunda versão do nascimento estaria repetindo a ideia de que nascer é uma entrada para a morte?

O VERBETE BORGES

> *Vocês se enganam comigo. Sou uma alucinação coletiva.*[7]
>
> Borges
>
> *Entre os diversos gêneros literários, o catálogo e a enciclopédia são os que mais me agradam. Não sofrem, certamente, de vaidade. São anônimos como as catedrais de pedra e como os generosos jardins.*[8]
>
> Borges

O consagrado valor atribuído à obra de Borges encontra, nos dias atuais, o que poderíamos denominar o *verbete Borges*, inscrito na suposta Enciclopédia Literária Global, e visitado pelos mais heterogêneos leitores e usuários. A paixão pelas enciclopédias, catálogos, atlas e antologias resultou na construção da complexa poética borgiana e do futuro lugar ocupado

---

[7] "*Ustedes se equivocan conmigo. Yo soy una alucinación colectiva.*" Tradução da autora.

[8] "*De los diversos géneros literarios, el catálogo y la enciclopedia son los que más me placen. No adolecen, por cierto, de vanidad. Son anónimos como las catedrales de piedra y como los generosos jardines*". Tradução da autora.

pelo escritor no cânone literário. Ao se posicionar a favor de um saber que se nutre das culturas clássica e popular com o objetivo de transformar a erudição em vertigem e miná-la no interior de seu próprio discurso, cumpre o papel de tradutor, divulgador e popularizador, em perfeita sintonia com o seu projeto artístico, que se vale da condição do escritor como leitor assíduo de enciclopédias. No desejo deliberado de se apropriar da cultura alheia como contraponto à afirmação de autoria e originalidade, o escritor arma uma estratégia de escrita, pautada pela "política da modéstia", como assim a nomeia Nicolás Helt e Alan Pauls (2000, p. 20). Essa política consiste na formação da imagem de escritor clássico, por meio de protocolos enunciativos visando o reconhecimento público. A impessoalidade como estilo e a criação de personagens dotadas de um "saber menor" e da gratuidade de existir concorrem para a consagração ilimitada de Borges, por ter-se convertido em escritor mundialmente citado e eleito como precursor da estética pós-moderna.

Esse reconhecimento se configura abrangente e reduplicador, em virtude ainda da associação operada pela crítica entre a "Biblioteca de Babel", tema de um de seus contos mais famosos, e a *world wide web*, em que se procede à leitura da biblioteca como metáfora do universo inalcançável e labiríntico da internet. Na condição de escritor clássico e por ter adquirido, como consequência, a dimensão resumida e sintética de um verbete de Enciclopédia, atinge paradoxalmente a imortalidade e o anonimato, uma vez que sua obra se transformou, como ele próprio profetizava, numa "miscelânea de citações e de fragmentos de textos alheios". Ao leitor anônimo também é concedido o direito livre de folhear a Enciclopédia ou de penetrar na superfície da tela borgiana, na rede de hipertextos propiciada pela modernização eletrônica e pela popularização de sua obra literária. Como verbete, Borges cumpre o destino de ser clássico, ao mesmo tempo que desconstrói o sentido comum conferido a um autor ou a um livro clássico – o de ser dotado de méritos particulares e de valores intrínsecos –, ao se definir o conceito como

> [...] a relação entre um livro e seus contextos, nas maneiras pelas quais uma cultura lê, se apropria e legitima valores ao que lê. Assim, a questão dos clássicos é, em Borges, apenas o momento crítico de um problema muito mais geral: o problema do valor literário e de sua historicidade.[9] (HELT; PAULS, 2000, p. 19)

Na circulação infindável desse verbete, constata-se a transformação do escritor Borges, segundo suas próprias palavras, em "alucinação coletiva", em que se exercita a prática borgiana da repetição, da distorção e do saber como bem público, no qual são esquecidos os direitos de autoria. Esses se volatizam, de forma multiplicadora e rentável, sendo capaz de entrar em todos os territórios e nos mais distintos domínios do saber.

A cultura resumida e condensada que se extrai da leitura desconstrutora das enciclopédias não se baseia no saber pautado pela racionalidade, pelo tédio e pela erudição. Em estreita oposição ao saber capitalista, pautado por aquisição, acumulação de informação e conhecimento, o autor articula, de modo

---

[9] "[...] *la relación entre un libro y sus contextos, en las maneras en que una cultura lee, se apropia y asigna valores a lo que lee. Así, la cuestión de los clásicos es, en Borges, apenas el momento crítico de un problema mucho más general: el problema del valor literario y de su historicidad.*" Tradução da autora.

ambivalente, a alta literatura e o projeto divulgador de saberes menores. Por essa razão, a crítica o elege defensor do conceito *Reader's Digest* de cultura, por exercer dois meios de fazer literatura, como assim definem Nicolás Helft e Alan Pauls (2000, p. 134-135):

> [...] uma culta, hermética, "intelectual" dirigida a um cenáculo de amigos e iniciados; a outra popular, acessível, leve, atenta ao gosto de um público massivo e anônimo.[10]

Mas é seguindo a lógica capitalista da publicidade, que Borges redige o texto para *Seleções* do *Reader's Digest*, em 1967, inscrevendo, à maneira de sua poética, a relação estreita entre cultura erudita e popular. O toque de humor arremata a condensação entre culturas, obtida pelo olhar oblíquo do escritor, o que converte a escrita em prática divergente e dupla, com vistas a criar o curto-circuito entre as *Mil e uma noites* e os textos resumidos das *Seleções*. A arte do resumo e da concisão, traço da moderna literatura e da publicidade, agrada ao escritor não só pelo abandono do excesso e do palavrório, mas também pelo prazer da leitura, "um exercício livre do ócio, como um feliz vagabundear da mente".[11]

> Une o útil ao agradável
>
> Por Jorge Luis Borges
>
> Poeta e contista argentino mundialmente celebrado
>
> Existe um prazer curioso no heterogêneo; por exemplo, nos índices, nos Atlas, nas enciclopédias, nas

---

[10] "[...] *una culta, hermética, 'intelectual', dirigida a un cenáculo de amigos e iniciados; la otra popular, acesible, ligera, atenta a las apetencias de un público masivo y anónimo.*" Tradução da autora.

[11] "[...] *un ejercicio libre del ocio, como un feliz vagabundeo de la mente.*" Tradução da autora.

antologias, nas miscelâneas de diferente lição, nas notas da *Divina Comédia* ou do *Livro das Mil e Uma Noites*. Esse prazer, que poderíamos definir como um exercício livre do ócio, como uma feliz vagabundagem da mente, é o que depara a nossa época, em todas as latitudes da terra, uma publicação como SELEÇÕES. Está feita de resumos os quais me agradam muito, já que todos os escritores tendem (tendemos) ao difuso palavrório e ao supérfluo. Une o útil ao agradável, como queriam os latinos, e cumpre no nosso tempo apressado uma deleitável e eficaz missão pedagógica.[12] (HELT; PAULS, 2000, p. 143)

O verbete Borges se metaforiza também na imagem do *aleph*, que se apresenta como traço significativo para a compreensão irônica do cosmos como totalidade, através da operação redutora desse espaço. A esfera luminosa que dá nome ao conto "O aleph", cujo centro está em todas as partes e a circunferência em nenhuma, é o ponto de encontro imaginário, eterno e fugaz do infinito. A sensação provisória e iluminadora de posse da imagem ao mesmo tempo fragmentária e totalizante do *aleph* se associa à imagem de Borges como modelo reduzido da biblioteca mundial, configurando-se como verbete que resume e engloba determinado tipo de literatura, notabilizada pela prática tradutória, por resumos, glosas, notas

---

[12] "*Une lo útil a lo agradable / Por Jorge Luis Borges / Poeta y cuentista argentino mundialmente celebrado. Hay un curioso placer en lo heterogéneo; por ejemplo, en los índices, en los atlas, en las enciclopedias, en las antologías, en las "silvas de varia lección", en las notas de la Divina Comedia o del Libro de las Mil y Una Noches. Ese placer, que podríamos definir como un ejercicio libre del ocio, como un feliz vagabundeo de la mente, es el que depara a nuestra época, en todas las latitudes del orbe, una publicación como SELECCIONES. Está hecha de résumenes, lo cual me parece muy bien, ya que casi todos los escritores tienden (tendemos) a la difusa palabrería y al ripio. Une lo útil a lo agradable, como querían los latinos, y cumple en nuestro tiempo apresurado una deleitable y eficaz misión pedagógica.*"

e exercícios imaginativos. A extrema visibilidade que o verbete adquire ao longo do tempo se pulveriza no gesto contrário, o da invisibilidade do autor como sujeito pleno no ato criador, por se reverter na figura do escritor clássico, anônimo, despersonalizado, embora o ato responsável pelo desaparecimento seja, ironicamente, o momento de maior fulguração póstuma. Segundo Borges, um de seus maiores desejos se concentra na transformação da humanidade em ideal de construção coletiva dos saberes, em que cada indivíduo seja capaz de se considerar artista e criador. O anonimato significaria a recusa de hierarquias e de propriedade autoral, uma vez que se postula o gesto democrático de recepção e produção do conhecimento:

> Espero chegar a uma idade sem aniversários, sem coleções, sem museus. Tenho um conto que se intitula "Utopia de um homem que está cansado", no qual se supõe que todo homem se dedica à música, que todo homem é seu próprio Brahms; que todo homem se dedica à literatura, que todo homem é seu próprio Shakespeare. E mais tarde, quando morre, destrói-se toda sua obra, porque todo homem é capaz de produzi-la. E desde então, não há clássicos, e não há memória, e não há bibliotecas. Porque todo homem pode produzir uma biblioteca, ou pode produzir uma galeria, ou pode erguer e construir uma casa. [...] Que não tivesse... que nenhum indivíduo tivesse nome.Que todo livro que se publicasse fosse anônimo.[13] (BORGES, 1988a, p. 270)

---

[13] " *Yo espero llegar a una edad sin aniversários, sin colecciones, sin museos. Tengo un conto que se titula 'Utopia de un hombre que está cansado', en el que se supone que todo hombre se dedica a la música, que todo hombre es su proprio Brahms; que todo hombre se dedica a la literatura, que todo hombre es su proprio Shakespeare. Y luego, cuando muere, se destruye toda su obra, porque todo hombre es capaz de producirla. Y no hay clásicos, y no hay memoria, y no hay bibliotecas, desde luego. Porque todo hombre puede producir una biblioteca, o puede producir una galería, o puede elevar una estatua o construir una casa. [...] Que no hubiera... que ningúnindividuo tuviera nombre. Que todo libro que se publicara fuera anónimo.*"

Em 1989 são lançadas as *Obras completas* do escritor, editadas em três volumes, e em 1998 publica-se o primeiro volume da edição brasileira. O último tomo se fecha com o "Epílogo", referente à nota biográfica de certa *Enciclopedia sudamericana* a ser publicada em Santiago do Chile, em 2074. A mínima biografia do Borges, transcrita na forma de um verbete de enciclopédia – uma de suas obsessões e modelo para a estrutura de seus contos – omite a data de morte, não só por estar o autor ainda vivo, mas pelo caráter fictício da nota. A desculpa encontrada para a omissão de vários dados recai no fato de estarem desaparecidos os jornais da época. O verbete contém, evidentemente, traços da estética borgiana, a qual sempre se valeu do rompimento de cronologias e da concepção do tempo como produto de ruínas circulares. No registro do nome próprio *Borges*, inserido na letra *B* da suposta enciclopédia por ele mesmo inventada, inscreve-se a marca fabulosa de sua poética, o voltar-se ludicamente para a imagem de si próprio. De forma irônica, o desejo de assumir a autoria de sua vida transparece na criação do verbete, que, em princípio, deveria ser de autoria alheia:

BORGES, JOSÉ FRANCISCO ISIDORO LUIS: Autor e autodidata, nascido na cidade de Buenos Aires, na época capital da Argentina, em 1899. A data de sua morte se ignora, já que os jornais, gênero literário da época, sumiram durante os grandes conflitos que os historiadores locais hoje coletam. [...] O renome que Borges gozou durante sua vida, documentado por um acúmulo de monografias e de polêmicas, não deixa de nos admirar agora. Consta que o primeiro surpreendido foi ele e que sempre temeu ser declarado um impostor ou um espertalhão ou uma singular mescla de

> ambos. Indagaremos as razões desse renome, que hoje nos resulta misterioso.[14] (BORGES, 1991, p. 505)

O dado mais importante a ser observado nesse verbete reside na ampliação do nome próprio, assim como na elisão do prenome Jorge. Ao cumprir função inversa ao sentido de um verbete comum, anula, sintomaticamente, no ato de renomeação, o nome Jorge, que poderia tanto funcionar como o apagamento da imagem do duplo paterno como de si próprio. Uma das possíveis leituras sugeridas pelo texto reforça o desejo do escritor de proceder ao novo registro de seu nome, ao reforçar e lembrar a hereditariedade e elegê-la precursora familiar e ficcional. O outro Borges – Jorge Luis – permanece na capa dos volumes encadernados; o duplo que ressurge do verbete da enciclopédia – José Francisco Isidoro Luis – acena para a multiplicação de sujeitos que compõem a saga familiar e literária do escritor.

Por inverter o modelo canônico da nota biográfica e suprimir a data da morte do autor, ressalta o desejo de imortalidade e o abandono de fatos prosaicos como a própria morte. Os possíveis traços de uma identidade falseada passam a ser o lugar e o ano de seu nascimento, além da referência ao volume das *Obras completas*: "Pode se consultar suas *Obras completas*,

---

[14] "*BORGES, JOSÉ FRANCISCO ISIDORO LUIS: Autor y autodidacta, nacido en la ciudad de Buenos Aires, a la sazón capital de la Argentina, en 1899. La fecha de su muerte se ignora, ya que los periódicos, género literario de la época, desaparecieron durante los magnos conflictos que los historiadores locales ahora compendían. [...] El renombre de que Borges gozó durante su vida, documentado por un cúmulo de monografías y de polémicas, no deja de asombrarnos ahora. Nos consta que el primer asombrado fue él y que siempre temió que lo declararan un impostor o un chapucero o una singular mescla de ambos. Indagaremos las razones de ese renombre, que hoy nos resulta misterioso.*" Tradução de Graciela Ravetti.

Emecé Editores, Buenos Aires, que seguem com suficiente rigor a ordem cronológica." Amante de anacronismos e de textos apócrifos, Borges sente-se à vontade para transcrever o verbete da *Enciclopedia*, ato que presentifica imaginariamente o futuro. Reitera o papel de leitor no processo criativo, além de desempenhar a função de duplo de si mesmo. O "Epílogo" às *Obras completas* desconstrói o conceito de livro como texto fechado, por meio do pacto silencioso mantido com o leitor no prolongamento do ritual da ficção. Nesse sentido, o verbete não atua como epitáfio, inscrição reservada ao final da obra/vida do escritor, mas acena ludicamente para o prólogo de uma escrita infindável.

Em 1986, elegendo Genebra como lugar para morrer e um quarto de hotel para mimetizar a morte de Wilde e citar a si próprio, Borges talvez estivesse negando a casa materna como espaço em que se nasce e se morre, ou encarando a morte como ficção mais lida do que vivida. A data e o local, inexistentes na nota biográfica, são recuperados pela inevitável imposição da realidade, sem contudo impedir a inserção de um toque mágico a essa morte. Se Genebra representou para Borges o lugar onde nasceu para as diversas línguas e a literatura, morrer nada mais representaria do que o reencontro com a ficção e a vida, faces invertidas da mesma moeda. Reconhecer-se o mesmo e o outro no universo movente da realidade e da fantasia lhe concede, portanto, o livre direito de brincar alegoricamente com a concepção de tempo e de espaço, com as versões falsas e melhoradas das histórias com que a literatura de todos os tempos tem nos brindado.

Referências

❀ ❀ ❀

ANTELO, R. O morto não requer atenções. *Folha de S. Paulo*, 22 jun. 1986. Folhetim.

ARRIGUCCI, D. Borges e o conto filosófico. In: *Outros achados e perdidos*. São Paulo: Companhia das Letras, 1999.

BEHAR, L. A invenção teórica do discurso crítico latino-americano. In: BITTENCOURT, G. M., MARQUES, R. *Limiares críticos*. Belo Horizonte: Autêntica; Porto Alegre: Instituto de Letras da UFRGS, 1998.

BILBAO, L. *Leia livros*, São Paulo, n. 92, jun. 1986.

BORGES, J. L. 1982. In: *Los conjurados*. Madrid: Alianza Editorial, 1985a.

BORGES, Jorge L. A cegueira. In: *Sete noites*. Tradução de J. Silvério Trevisan. São Paulo: Max Limonad, 1983a.

BORGES, J. L. A divina comédia. In: *Sete noites*. Tradução de J. Silvério Trevisan. São Paulo: Max Limonad, 1983b.

BORGES, J. L. A outra morte. In: *O aleph. Obras Completas*. v. 1. São Paulo: Globo, 1999a.

BORGES, J. L. *Cuaderno San Martín. Obras Completas*. v. 1. São Paulo: Globo, 1999b.

BORGES, J. L. Carrizo, 1982. In: FERRER, A. F. *Borges A/Z. La Biblioteca de Babel*. Madrid: Ediciones Siruela, 1988a.

BORGES, J. L. Do rigor na ciência. In: *O fazedor. Obras Completas*. 1952-1972. v. 2. São Paulo: Globo, 1999c.

BORGES, J. L. El desierto. In: *Atlas*. Colaboración de María Kodama. Buenos Aires: Editorial Sudamericana, 1984a.

BORGES, J. L. *Elogio da sombra – Perfis – um ensaio biográfico*. Tradução de Maria da Glória Bordini. Porto Alegre: Globo, 1977.

BORGES, J. L. Epílogo. In: *Obras Completas*. Buenos Aires: Emecé, 1991.

BORGES, J. L. Escribir. In: FERRER, A. F. *Borges A/Z. La Biblioteca de Babel*. Madrid: Siruela, 1988b.

BORGES, J. L. Funes, o memorioso. In: *Ficções*. *Obras Completas*. v. 1. São Paulo: Globo, 1970.

BORGES, J. L. Inscripción. In: *Los conjurados*. Madrid: Alianza Editorial, 1985b.

BORGES, J. L. Isidoro Acevedo. In: *Caderno San Martín*. *Obras Completas*. v. 1. São Paulo: Globo, 1999d.

BORGES, J. L. Juan López y John Ward. In: *Los conjurados*. Madrid: Alianza Editorial, 1985c.

BORGES, J. L. 1982. In: *Los conjurados*. Madrid: Alianza Editorial, 1985d.

BORGES, J. L. Metáforas de las mil y una noches. In: *Historia de la noche*. *Obras Completas*. v. 3. Buenos Aires: Emecé, 1989.

BORGES, J. L. Nota dictada en un hotel del Quartier Latin. In: *Atlas*. Colaboração de María Kodama. Buenos Aires: Editorial Sudamericana, 1984b.

BORGES, J. L. Obras Completas. v. 1. Buenos Aires: Emecé, 1990.

BORGES, J. L. Poema dos dons; Do rigor na ciência. In: *O fazedor*. *Obras Completas*. 1952-1972. v. 2. São Paulo: Globo, 1999e.

BORGES, J. L. Prólogo. In: *Ficções*. *Obras Completas*. v. 1. São Paulo: Globo, 1999f.

BORGES, J. L. Une lo útil a lo agradable. *Selecciones del Reader's Digest*, noviembre de 1967, apud HELFT, N; PAULS, A. *El factor Borges. Nueve ensayos ilustrados*. Buenos Aires: Fondo de Cultura Económica da Argentina, 2000, p. 143.

BORGES, J. L. Veinticinco agosto, 1983. In: *Borges: veinticinco agosto 1983 y otros cuentos. La Biblioteca de Babel*. Madrid: Siruela, 1985e.

CALVINO, I. Borges. In: *Por que ler os clássicos*. Tradução de Nilson Moulin. São Paulo: Companhia das Letras, 1993.

CALVINO, I. Coleção de areia. Tradução de Pedro Francisco Gasparini. *Suplemento Literário*, Belo Horizonte, n. 48, jun. 1999.

CALVINO, I. Collezzione di sabbia. In: *Collezzione di sabbia*. Milano: Garzanti Editore, 1984. (Tradução de Pedro Francisco Gasparini, publicada no *Suplemento Literário*. Belo Horizonte, n. 48, jun. 1999, p. 20-22.)

CANTO, E. *Borges à contraluz*. São Paulo: Iluminuras, 1991.

CASTAÑÓN, A. Jorge Luis Borges e Italo Calvino: una idea de la literatura. In: *Borges, Calvino, la literatura*. v. 1. Poitiers: Editorial Fundamentos, 1996.

COMPAGNON, A. *La seconde main ou le travail de la citation*. Paris: Seuil, 1979.

DELEUZE, G. *Lógica do sentido*. São Paulo: Perspectiva, 1974.

DOURADO, A. *Carta a Eneida Maria de Souza*, datada de 16 out. 1991.

DOURADO, A. Começo de aprendizado. In: *Novelas de aprendizado. Teia e Sombra e exílio*. Rio de Janeiro: Nova Fronteira, 1980.

DOURADO, A. O meritíssimo juiz. In: *Violetas e caracóis*. Rio de Janeiro: Guanabara, 1987.

FOFFANI, E. Jorge Luis Borges: cronología/contracronología. *Anthropos. Revista de Documentación Científica de la Cultura*. Barcelona, n. 142-143, marzo-abril 1993.

GUATTARI, F. *Caosmose: um novo paradigma estético*. Rio de Janeiro: Editora 34, 1992.

HELFT, N.; PAULS, A. *El factor Borges. Nueve ensayos ilustrados*. Buenos Aires: Fondo de Cultura Económica de Argentina, 2000.

KODAMA, M. Entrevista. *Folha de S. Paulo*, 19 maio 1996, p. 1. Ilustrada.

LIMA, L. C. Aproximação de Jorge Luis Borges. In: *O fingidor e o censor no Ancien-régime, no Iluminismo e hoje*. Rio de Janeiro: Forense Universitária, 1998.

MANGUEL, A. A biblioteca de Borges. *Folha de S. Paulo*, São Paulo, 1º ago. 1999, p. 3. Caderno Mais.

McGUIRK, B. *Poesia de guerra*. São Paulo: Fundação Memorial da América Latina, 1998. Coleção Memo.

MEYER, A. Uma ou duas cabeças. In: DAMASCENO, D. (Seleção e notas). *Seleta em prosa e verso de Augusto Meyer*. Rio de Janeiro: José Olympio, INL, 1973.

MONEGAL, E. R. *Borges, una biografía literaria*. México: Fondo de Cultura Económica, 1987.

PIGLIA, R. A heráldica de Borges. *Folha de S. Paulo*. São Paulo, 17 ago. 1984, p. 6-7. Folhetim.

PIGLIA, R. Memoria y tradición. In: CONGRESSO ABRALIC, 2°. Belo Horizonte, 1990. *Anais...* v. 1. Belo Horizonte: UFMG, 1991.

QUILLIOT, R. La fascination moderne de l'impersonnel. In: *Penser le sujet aujourd'hui.* Paris: Klincksieck, 1988.

RENAUD, M. La muerte en la obra de Jorge Luis Borges: una fascinada vindicación de lo pasional. *Anthropos.* Revista de Documentación Científica de la Cultura. Barcelona: Editorial Anthropos, n. 142-143, 1993.

SANTIAGO, S. A ameaça do lobisomem. *Revista Brasileira de Literatura Comparada,* Florianópolis, v. 4, n. 4, 1998.

SARLO, B. Borges, crítica y teoría cultural. *Borges Studies on Line.* Borges Center for Studies & Documentation. Disponível em: <http://www.borges.pitt.edu/english.php>. Acesso em: 12 jun. 1999.

SARLO, B. *Borges, un escritor en las orillas.* Buenos Aires: Espasa Calpe, 1993.

SOUZA, E. M. Borges & Borges. (Prefácio). In: BARTUCCI, G. *Borges: a realidade da ficção.* Rio de Janeiro: Imago, 1996.

VÁSQUEZ, M. E. *Borges: imágenes, memorias, diálogos.* Caracas: Monte Ávila Editores, 1977.

VÁSQUEZ, M. E. *Borges: esplendor y derrota.* Barcelona: Tusquets Editora, 1996.

Nota

Os textos reunidos neste volume foram publicados em livros e em vários periódicos especializados, como resultado de comunicações apresentadas em congressos, seminários e conferências: "Minha terra tem palmeiras" é parte de um artigo de mesmo nome, publicado no livro *O discurso crítico da América Latina,* em 1997; "Borges entre dois séculos" remete para o artigo "Ficções e paradigmas ", contido nos *Anais do V Congresso Abralic*", de 1997; "Lo cercano se aleja" é o artigo anteriormente intitulado"A biblioteca de Borges", editado no *Anuario Brasileño de Estudios Hispánicos,* em 1993, e em *Variaciones Borges,* do Center for Studies and Documentation, da Universidade de Aarhus, Dinamarca, em 1998; "Um estilo, um aleph" publicado no *Boletim da Biblioteca Mário de Andrade,* em 1999; "Histórias de família na América", estampado na *Revista de Estudos de Literatura,* n. 2, em 1994 e "Genebra, 14 de Junho de 1986", publicado, em 1998, no livro *Borges em dez textos.*

QUALQUER LIVRO DO NOSSO CATÁLOGO NÃO ENCONTRADO NAS
LIVRARIAS PODE SER PEDIDO POR CARTA, FAX, TELEFONE OU PELA INTERNET.

Rua Aimorés, 981, 8º andar – Funcionários
Belo Horizonte-MG – CEP 30140-071

Tel: (31) 3222 6819
Fax: (31) 3224 6087
Televendas (gratuito): 0800 2831322

vendas@autenticaeditora.com.br
www.autenticaeditora.com.br

ESTE LIVRO FOI COMPOSTO COM TIPOGRAFIA BEMBO E IMPRESSO
EM PAPEL CHAMOIS DUNAS FINE 80G. NA FORMATO ARTES GRÁFICAS.